部活動
指導の心得

大阪市立中学校教諭・野球部顧問
杉本 直樹

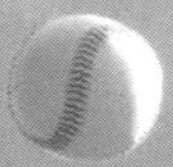

現場教師による現場サイズのブカツ論

明治図書

はじめに

「働き方改革」「部活動改革」という言葉がすっかり定着しました。教師の仕事において「部活動指導」が大きな負担になっているのは否めません。しかし、学校現場で働く立場からすると、それらの議論に何かモヤモヤしたものを感じます。

部活動はまぎれもなく学校の教育活動として位置づけられており、「法的に…」といった議論で学校現場における部活動の問題が即解決するわけではありません。部活動指導に限らず、そんなに簡単に杓子定規で測れないのが教師の仕事でもあります。

だからこそ、教師の仕事の一つと位置づけて部活動指導について考えていくことこそ、今の学校現場に求められていると僕は考えています。

また、外部指導員は選択肢の一つかもしれませんが、最良とは思えません。勝たせたらそれは成果なのでしょうか。負けたらその指導者は不適格なのでしょうか。学校の部活動とは、すぐに成果が出るものばかりではありません。

とはいえ、従来のままでは部活動やその指導が成立しなくなってきているのは間違いありません。ですから、「部活動指導をしない」という選択肢もあります。

でも、これはとてももったいないように思います。

休日に自身を切磋琢磨しようとしたり、そこで壁にぶつかって自身を見つめようとしたりする経験は、生徒の人間的な成長に大きく寄与します。

だからこそ、「教育活動としての部活動指導」をもう一度精査する必要があります。これからの時代、ニーズに合った形で部活動を残していくためです。

そのためには、「学校ができること」「学校がすべきこと」を学校現場の教師が発信し、自信をもって言い切ればいい。昨今はそういう思いを強くしてきました。

「学校の教師が指導するなら、ここまでできます」

「教師がするから、これができます」

「教師なので、これはできません」

「それは学校の仕事ではありません」

こう考えると、今までがなんでも許容しすぎてきたのです。

特に運動部の指導は、「一番になることを目指してこそ」と思われがちです。休日もすべて返上し、己の身を削ってでも一番を目指す。ときには理不尽にも耐える。こういうことが美学とされてきました。しかし、学校はプロアスリートを養成する場ではありません。文化部も同じで、活動日数が少ないと活発な部ではないと思われ、コンクールや賞で成績を残す部だけが優れているという価値観がいまだにあります。

「なぜそれをするのか」
「なんのための活動なのか」
「だれのための活動なのか」

これらをはっきり意識し、周囲の雑音に左右されない指導を行う必要があると思います。本書は、このことを問い直すきっかけになることを願って執筆しました。

試合中、生徒がエラーをしたらすぐに選手を交代していないでしょうか。休みがちの生徒に「本気じゃないならもう来なくていい」と言っていないでしょうか。こういった生徒の行動や態度から、何を感じ取らせ、向き合わせるのか。そこに心を砕くことこそ、「教育活動としての部活動指導」だと思うのです。

一つのエラーで試合は決まりません。もっともっとたくさんのことの積み重ねで勝負は決まるものであり、「できないから」「勝てないから」といって終わりでもありません。そこに向かうまで生徒に何を指導してきたか。何を共有してきたか。「生徒と向き合う」ということを真摯に考えたい。いつも僕はそう思っています。

部活動の中で得た経験、知識、精神力が生徒の将来に大きく寄与するものでなければ活動する意味はありません。優勝しないと将来その生徒は幸せにならないのか。一回戦、予選落ちした子たちは不幸になるのか。もちろん違います。

この『部活動指導の心得』は、部活動指導のノウハウを綴った本ではありません。前著『部活動指導スタートブック』は若い先生やこれから教師を目指す大学生向けに書きましたが、今回はもっと広く、「教育活動としての部活動指導」のあり方について悩まれている多くの先生方に読んでいただけたらと願っています。

「生徒のために」という言葉が、大人の自分勝手な言い分のために独り歩きしないことを願ってやみません。教師はどんな時代であっても生徒の味方なのです。

２０１９年１月

杉本　直樹

Contents

2章 イマドキの部活動顧問の仕事

3章 部活動顧問の悪いクセ

4章 生徒が望む集団　生徒が望む指導者

5章 よいチームよい集団になるために

6章 部活動顧問あるある

1 章

部活動顧問としての 心構え

今日的な課題を目の前にして，部活動指導を担う者はどういう心構えでいればいいのでしょうか。

「こうでなくてはならない」ではなく，「こうありたい」。

自分らしい姿で指導にあたるのが理想です。

しかし，現実はそう甘くありません。

まわりの目を気にしすぎて，一番大切な生徒の姿を見失うことも。

ここにあげるいくつかから，自分の立ち位置を確かめてもらえたら，と思います。

目を向けるべきは，目の前の生徒たち。

大切なものはそこにあるはずです。

1　生徒あっての部活動

好きな子たちが集まっている。でも…

部活動の集団は「好きな子たちの集まり」ということをよく言います。

おそらくそれに間違いはなく、嫌々入部してくる生徒はほとんどいないはずです。


ここでちょっと違う話をします。

芥川龍之介の作品に『芋粥』という話があります。あらすじは以下です。

時代は平安、摂政に仕える冴えない役人の「五位」は、年に一度ほどしか食べられない芋粥が大好物。「芋粥をいつか腹いっぱい食べてみたい」という夢がありました。

あるとき、それを聞いた武将が、五位の願いを叶えます。

はじめはうれしかった五位ですが、武将の振る舞いの大仰さに疲れてしまい、自分の夢が叶いそうなところで気持ちが萎えてしまいました。

「こういうことではなかったのに…」と武将のやり口に辟易したのです。

ついには、腹いっぱい食べられる芋粥をほとんど口にせず、そこにはなんの感動もありません。

ただ、「あのとき芋粥に憧れていた自分が懐かしい」と心の中で思うのでありました。


もう一つ、違う話があります。

甲子園に出場した友人がいます。彼は幼いころからずっと野球が上手で、最終的に社会人まで現役を続けました。幼少のころから、僕らのヒーローでした。

あるとき、その彼がふと、こんなことを言いました。

「あれだけ野球が好きやったのに、大きくなるにつれてだんだん好きじゃなくなってきてん。なんでやろなぁ…」

その言葉が、今でも耳に残っています。

僕がここで言いたいのは、いくら好きなものでも、出され方や環境で感情は変わってくるということです。

好きで集まっているから、つらい練習にも耐えられる。いろいろなことを我慢して、打ち込むこともきっとできる。少々の無理があっても、この子たちはがんばれる。うまくなるためには、強くなるためには、とにかく練習。

それらは紛れもない事実かもしれませんが、そのことが目の前の生徒と指導する側でどこまで共有されているでしょうか。

なぜこういう活動をするのか。何を目指しているのか。

明確な方針は生徒の士気を高め、まっすぐとそこに向かって努力を重ねられます。

ただ、**学校は生徒の人数分のストーリーが集まる場所**なのです。

学校という場所で部活動をする意味

学校という場所は、生徒がいろいろな思いを背負って登校しています。

石川晋先生（現「授業づくりネットワーク」理事長）の話の中で、

「朝、正門で立っている先生や生徒会の子たちの『おはようございます』のあいさつがしんどい子がいるんですよ」

と聞いたことがあります。

この言葉を耳にして、自分が一面的にしか物事を捉えていなかったと恥入りました。

昨日いいことがあって、夜、家族で外食した生徒。

塾の宿題をせずに行って、塾の先生にも叱られ、親にも怒られた生徒。

登校直前に兄弟とケンカして、おもしろくないまま学校に来た生徒。

全員の気持ちを慮ることは当然不可能ですが、こういうことが少し頭にあるだけで、生徒へのファーストタッチが変わってきます。

全国大会を目指すようなチームもあれば、大会で一つ勝つことがやっとのチームもあります。

生徒は、ある程度そういう事情もわかって入部するでしょう。

しかし、学校は生徒ありきの場所です。

だからこそ、「学校だからできる」ことが部活動の大前提だと僕は考えています。

そのチームのサイズ、学校の実態に合わせた活動こそが本来の活動です。

部活動が、生徒を苦しめる活動であってはならないと思います。

好きだったものが嫌いになってしまうことほど悲しいことはありません。

2 「地続きの指導」

「教室とグラウンドはつながっている」は本当か

前著『部活動指導スタートブック』で「地続きの指導」について述べました。

簡単に説明すると、**先生が教室のスタイルと部活動のスタイルとで指導に差をつくらない**ということです。前著でこの提案をしてみて、自分が言いたかったことはこれに集約されていたと実感することが多くありました。

僕は「地続きの指導」の話をするときに、かかとを踏んでいる生徒を引き合いに出して話します。教室や廊下でその様子を目にしたとき「おい、かかと踏むな！」とやり込めるのも一つ。「あれ、靴小さいの？」と声をかけるのも一つ。

グラウンド（部活動の指導場面）では、前者の声かけが多数を占め、教室や廊下では後者が多数を占めます。こういう指導スタイルの固定化に疑義をもち、思い改めてみてはどうだろうか、というのがこの「地続きの指導」のイズムです。

グラウンドと教室は地続きでつながっているので、指導に差をつけることはありません。

ただ、これは個人的な印象ですが、近ごろの学校現場の指導は、「父性の指導」が難しくなっていっています。

地続きでありたいのは何か

ここで、堀裕嗣先生のご著書にある「指導スタイル」を用いて述べてみます。

父性型指導力…生徒たちに悪いことは悪いとしっかり伝え、必要なときには生徒をしかりつけることもいとわず、学年全体や学校全体に目を光らせる。生徒たちに規律を守らせるタイプの指導力

母性型指導力…生徒が悪いことをしても、ときには生徒に裏切られてさえ、ねばり強くコミュニケーションをとり続けて最後まで生徒を見捨てない。生徒を優しく包み込むタイプの指導力

友人型指導力…生徒たちと遊んだり、語り合ったり、不平や不満や悩みを聞いてあげたりしながら、いわゆる「ガス抜き」をしてやる。よきお兄さん、お姉さんのようなタイプの指導力

（堀裕嗣『生徒指導10の原理・100の原則　気になる子にも指導が通る110のメソッド』学事出版、2011年）

行き過ぎた「生徒理解」という名の甘やかしをよく聞きます。**毅然とした指導が何か間違ったものであるかのような誤解が、学校現場の指導を難しくしています。**

踏み込むべきときは踏み込み、しっかり受けとめてやるべきときは受けとめる。

僕は、先のかかとを踏む生徒の例から「どんな事象でも飲み込んでやりなさい」ということを言いたいのではありません。

いつも通りの実践、教師である自分としての声かけをしていけばいいと考えています。教師にも一人ひとり個性や持ち味があります。**それが最大限に生かされたいつものやり方で生徒に指導をしていけばよいのでは**ということです。

グラウンドと教室がつながっているように、教師である自分と一人の人間である自分とが地続きになった言葉。それこそ、生徒の心に迫る指導ではないでしょうか。

若い先生が父性型だけでゴリゴリいくと、うまくいくときはハマりますが、綻ぶと一瞬です。もしご自身がトップアスリートだったのであれば特に注意が必要です。ここは学校です。その立ち位置を間違えると、チームは思わぬ方向に進むことになります。

勝ちたいのはなぜですか。

勝たせてやりたいというのは本心でしょうか。

負けて悔しいのは生徒ですか、監督ですか。

生徒はどんな目をしていますか。

勝敗を超越した世界が、学校の部活動にはあります。日常でいろいろな失敗をした生徒が繰り広げる奇跡の瞬間は、顧問の醍醐味ではないでしょうか。

もし家庭やご自身の諸事情で生徒と一緒に過ごせる時間が少ないなら、その枠内で最大限かかわってやればよいと僕は考えます。

同時に、そのような同僚を支え、生徒の指導にあたる。これも我々教師が当然のようにやっていることです。部活動だけを神聖な場として扱うのではなく、学校の一場面であるという心構えこそ、生徒に最良の指導をするための最重要事項ではないでしょうか。

3　同僚との調和

ソフト合わせてもハード合わすな

ウチの学校のグラウンドは大変狭く、グラウンドを使う部は日によって活動スペースを分け合いながら活動しています。平日はほぼ均等に割り当てています。

仮にグラウンドが広くても、活動する部が多いと同じようにスペースを譲り合って活動するので、いずれにしても目いっぱいに広いところで活動するのは難しいかもしれません。そうなると、当然工夫が必要になってきます。

こういうときにどのように工夫するかは、同僚との相談が必要になってきます。

例えば、学校が休みの日にサッカー部、野球部、ハンドボール部の3部が活動したいとしましょう。

僕はどこの部よりも早く活動を始めます。

朝7時30分に集合し、8時にはもう始まっているような状態。サッカーはいつも8時から、ハンドボールは9時から活動します。

他の部の活動の開始時間を聞いておくと、いない間にできる活動があります。しかも、早く始めたら早く終わることができます。

ウチの部はスタートが早いので、自分の学校で活動するときは11時には解散になっていることがほとんどです。活動時間は7時30分〜11時くらいですから、4時間近くやっています。

ここまで読まれて、「それなら午後から活動すればいいじゃないか」と思われる人がいるかもしれません。

ここがポイントです。それは**自分のサイズに合わせて活動したらいいじゃないか**というのが僕の持論です。

「午後からは地域が活動でグラウンドを使う」という理由も確かにあります。また、それを前面に押し出したら「そうか、じゃあ午前の活動で仕方がないな」となると思います。

しかし、いくら地域の活動であったにせよ、こちらが申し出たら使えるのです。

もし自分の時間が許すなら、午後から活動すればよい。午前に活動したいなら、他の部と調和しながら、お互いに調整し合って活動すればよい。

ハード（自分の考え）を変えるのではなく、ソフト（活動時間や場所）を変えればよい。ハードをいじる活動は自分の大切なものを失う可能性があります。そのために、**ソフトはいくらでも調整する余裕をもって。**これが理想です。

一方で、午後から活動するときもあります。練習試合をお願いしていて、他校にお邪魔するときは、もちろん相手校のご都合が優先です。そこは優先順位が変わります。

調和は妥協ではない

ハードを変えない、ということについては、活動時間や活動日数についても同じことが言えます。

特に若い先生は「とにかくがむしゃらに！」というふうに思いがちです。他の部で休みなく熱心に活動する部があったら、「自分も負けないぞ」と思ってそれに倣うことがあるかもしれません。

前の先生から引き継いだばかりで、というときに無茶をしてしまうことも想像できます。

そういうときは、**自分のハードをしっかりと「開発」する時期**です。自分のスタイルは同僚や他校の先生の活動との差異で見つめ直すことができます。

ここでは同僚の先生との調和を考えていきたいところですので、先輩の先生に相談すればいいし、場合によっては家族と相談してもいいかもしれません。

何より、同僚から疑問視されるような活動ではいけません。

出張があって、ペアの先生も会議がある。だれも活動を見る人がいない。

そんなときに、手が空いているからと、他の先生にお願いして生徒に活動させる。

でも、**「きちんとできるか心配だなぁ…」と思うくらいなら、そんなときはオフにすればいい**のです。

妥協して活動のスタイルをいじくるようなそんな活動は生徒にとって不幸でしかありません。イズムなき活動は単なる惰性です。

同僚と足並みをそろえるのはソフトであれ。同僚と調和するというのは、周囲からの理解を得ることなのです。

4　他校顧問との調和

隣の芝生は青いけど…

夏の大会が終わり、新チームの練習に臨むときに他校の先生と話をすることがあります。

「先生のところはいつから試合するの？」

「ウチは明日から三連戦です」

「え、もうピッチャーできる子いるの？　試合になる？」

「いませんよ。でも、やりながら教えるんです」

そうか、では試合もぼちぼち組もうか。そう思って試合のお願いをすると、他校は予定でぎっしり。練習試合、合同練習、二部練（終日練習）などなど。

やっと時間ができたので家族と遊びに行こうかな、と自分の予定を組もうにも、気が急いて心が休まりません。

「先生、ウチはいつから試合ですか？」

「うーん、まだ試合までに時間かかりそうやからなぁ。未定やな」

「隣のＨ中学校はもう新チームの練習試合の予定が全部決まってるらしいです」

「どこからそんな情報仕入れるの？　よぉ知ってんなぁ」

「友だちがおるんです。ＬＩＮＥで聞きました」

生徒とのやりとりです。もちろん、生徒に悪意はありません。

でも、顧問としたら、何もしていないわけではないのに、自分がサボっているかのような気持ちに…。

他校の動向が気になり、自分の立ち位置ややり方を見失うことも少なくありません。僕ももうちょっと若いころは、生徒の予定や体調など気にせず、練習や試合をどんどん組み入れ、夏の予定を組んでいました。

お盆休みを取らずにやったこともあります。でも、実際は開店休業状態。

「だれのための活動なのかわからない活動だったな…」とその後反省したのを覚えています。

他校は他校。目的や考え方も違います。それに振り回されるだけでは生徒のための活動とは言えません。無茶な予定を顧問同士で話し、それをおもしろがって談笑するような場面を目にするようなこともありますが、僕には違和感しかありません。

目指すところは同じでも、道筋ややり方は違っていいのです。

やり方はあり方です。その分、自分の中で確固とした「自分はこういうスタイルでやるんだ」というものが必要です。量に頼る時期もあってもいいかもしれませんが、生徒を消耗させるだけになっていないか、精査が必要です。

「やらない勇気」は「休む正当性」へ

例えば、休日に合同練習をお願いして、他校に赴いたとします。

もしここで、一緒に練習する学校の顧問が、

「ウチは昼食を持たせて一日やります。先生のところもどうですか?」

と言われたら、みなさんはどう返答しますか。

二つ返事で「ああウチも!」となる人もいれば、「ええ、どうしようかな…」と即答できない人もいるでしょう。

ここで「ウチはいいです。午前で失礼します」と言いたければ言えばいいのに、断るのは勇気がいる。気が進まないのに、この断る勇気が出ないために、「じゃあ、お願いします」と答える。そんなケースもあるのではないでしょうか。

例えば、午後は家族と約束がある。自身の研鑽の時間にしたい。ただ休みたい。

このように、休むことの正当性が自分の中であれば申し出ればいいですし、生徒にも「ウチは午前中だけで終わるよ」と言えばいいのです（「休みたい」も正当な理由）。

正当性というのは大げさかもしれません。**そうしたければそうすればいい。ただそれだけです。**

今、世間では「働き方改革」「ブラック」などと議論し、部活動のありようが整理されつつあります。僕はこういう動きを待たずとも、**教師側がきちんと生徒の実態に応じた活動にすれば大きな問題にならない**と感じています。

「生徒が活動したいから」というのであれば、ご自身のペースで活動すればよい。「生徒も教師もやりたいのに」というときは、必ず「本当にそうだろうか。教師のスタンドプレーじゃないか」と見つめ直し、活動を考えたいものです。

基準は他校の活動実態ではなく、自分自身なのです。

5　保護者・世間との調和

「先生、ウチの子には何をしてもかまいませんから！」

　部活動というものは、どうしても自身の体験や世間のイメージで語られることが多いものです。

　僕がいつも苦い思いをするのは、いわゆるスパルタ式の指導を求められるときです。

「先生、最近野球部も指導しにくいでしょ？」

「そうですね、いろんな子が入部してきますから。初心者の子もいますよ」

「でもね、先生、やっぱりビシビシいかんと勝てないと思うんですよ」

「そうですね、厳しい指導が必要なときもあるでしょうね」

「先生、ウチは何をやってもらってもかまいませんからね」

「いやいや、そんな無茶はできませんから…（苦笑）」

体罰を是として、それがないと勝てないというイメージでスポーツを云々されると、学校の部活動はまったく別次元のものになります。

断言しますが、部活動はそういうものではありません。

ジュニア期から熱心にスポーツに打ち込んできた生徒は、学校の部活動を「ぬるい」と感じる場合もあるようです。**指導＝圧迫感がある、という刷り込みがある**のです。

特に、野球は日本ではまだまだ人気スポーツです。いくらその人気に翳りが出てきたと言えど、まだまだ他の競技に比べれば圧倒的に市民権を得ているスポーツです。

ジュニア期の厳しい指導を自慢合戦のように喧伝する生徒がいます。

「〇〇コーチのノック、速すぎて怖かったわ」

「あの走り込み、地獄やったなあ」

などと、一人前のことを話します。

これはまるで、大昔の部活動で理不尽な指導を受けてきた大人の発言と同じです。

強烈な体験からか、それ以外は生ぬるいものと感じてしまうのでしょう。練習を早く切り上げようとしたときに「もう終わり？」みたいな表情をされると、何か複雑な気持ちになります。

先の保護者の発言などは、ややもすると学校の部活動批判に聞こえます。しかも、それに生徒が感化され、顧問のあらゆる指導を軽視することも否めません。こうなると、指導が困難になっていくのは目に見えています。

何を、どう伝えるか

そういう保護者や世間の目を排他的に扱うのではなく、それをも容認して日々の指導にあたるのが理想です。

部の指導方針は何か。

それをどう伝えるのか。

学校の教育活動であるという強い自覚のもと、練り上げられたものであるか。

そして、激烈な要求をも視野に入れながら、生徒とどういう目標を構築していくか。

毎日の活動は、これらの確認作業に他なりません。

「大会で一勝」でもいいのです。でも、それを生徒が強く意識し、履行されているか。ここの結びつきこそ、保護者や世間の目から部員や部を守る大切なものになります。

周囲との調和を考えるとき、部員と顧問が同じ方向を向いて活動していることは、何よりも説得力のある指導方針になります。

部活動は生徒のためにあるものです。調和するために活動するのではなく、ひたむきに打ち込むから調和できていくのです。

もちろん、独りよがりでもいけません。そのあたりのバランス感覚は、教師の仕事そのものと言えるでしょう。

6　引退しても部の生徒

選手じゃなくて、生徒だからこそ

部活動を引退した途端に、廊下で会ってもよそよそしくする生徒がいます。現役から退いて、部の活動から距離を置くのは当然のことながら、今までの関係がまるで何もなかったかのような振る舞い。

寂しいことですが、こういう経験を今までたくさんしてきています。自分の生徒とのかかわり方を反省する時間です。

生徒は良くも悪くも打算的です。かかわり合う必要がなくなったら、あいさつをする理由がなくなるのも頭では理解できます。

特に所属が違う学年の生徒であれば、ますます接点がなくなります。

ここで放置すれば、もうまともに話す機会はないかもしれません。

僕はこういう生徒にこそ、声をかけて様子を聞くべきだと思うのです。

引退しても部の生徒です。

長い時間一緒にいたことが、引退を機に雲散霧消するはずがありません。


ほとんどの顧問は、大会やコンクールで一つでも多く勝ち抜けるように働きかけますが、それがすべてと思ってかかわってはいません。

しかし、生徒をコマのように扱ってきた教師に限って、こういった生徒の変化に気分を害して態度を硬化させます。それが、チームの勝利を自己実現の具にしていることを認めることになり、余計に生徒から避けられる要因になるとも知らずに。

僕たちがそこで向き合っているのは選手ではありません。「選手であった」生徒です。

ひょっとすると、本当は声をかけてもらいたがっているかもしれません。

実際、そういう生徒もいるのです。

自分から近寄ってこない生徒には、教師の方から進んで声をかけませんか。

そうです、教室や廊下ではそういうふうに生徒と接するのが教師の常です。

それとまったく同じなのです。

生徒あっての顧問

「相手チームを敬いなさい」

とよく言います。

相手があるから練習も試合もできます。

「感謝」という言葉は安売りされていて用いるのがはばかられるのですが、相手があってこそ成り立つものがあります。

我々は、**生徒がいるから部活動の顧問でいられる**のです。

しんどいときもあるけど、生徒と喜びを分かち合える瞬間は至福の時間です。

そういうもののために、いろんなものをなげうって、部活動に従事していると言ってもいいでしょう。

小学生から中学生になり、部活動という場において切磋琢磨し、やがて卒業していく生徒たち。

引退した生徒たちが「部活動をやってよかった」と思えるのは、理不尽が美談になるような活動に耐え抜いたからではなく、よい経験とよい人間関係を獲得したからに他なりません。

7　体育会系だけが顧問ではない

肩身が狭い非体育会系の教師たち

運動部の顧問をしていると、体育の先生や「いかにもアスリート」という先生を見かけます。僕も、もうちょっと若い頃は、体育教師によく間違われました。

顧問にも実にいろいろなタイプの先生がいます。

男性でも色白で細身の方もいますし、運動の経験のない方もおられるでしょう。

思うに、そのような先生方は、屈強な体育会系の先生たちに、気後れというか、自分たちとは到底違う世界にいるような印象をもたれているのではないかな、と思います。

僕自身、高校までしか本格的に部活動を経験していません。ただ、高校は体育会系の学校だったので、様子はだいたいわかります。体験的に思いますが、苦手な人にはキツい世界です。僕も根っからの体育会系ではないので、しんどいときもあります。

運動部＝体育会系というのは容易に結びつきます。

しかし、全員がそうでないといけないのか、というと、それはまた違う話です。

無茶なことはやらなくていいですし、無理だと思うようなスケジュールには異議をとなえてしかるべきと思います。

ご自身に体育会系のアレコレの経験がないからといって、肩身を狭くする必要はありません。勝負するところはそんなことではないのです。

大切なのは、それが生徒のためになっているのか、生徒のためと言いつつ、大人の都合で動いていないか、ということです。

自分の強みを生かした指導を

今の学校に勤めるようになり、野球ノートを始めました。今まで本格的にやってこなかったのですが、今の学校で確固とした自分の指導法の一つになりました。

僕は国語科の教員です。だからか、読み書きに関してはあまり苦になりません。生徒が書いてきたものを読み、返信する。

「楽しい」という気持ちが大きい仕事です。

ひと言でも返信してやると、生徒は俄然意欲がわくようです。

確かに、**毎日書くことを求めているのに、こちらが点検印のみでは、生徒はやる気が続きません。**

ギブアンドテイクです。

ちなみに、この野球ノート以外に、クラスで班ノートをやっています。6冊のノートを毎日回収し、返信しています。たくさん書くのでさすがに手は痛くなりますが(笑)、好きだから続いています。

野球ノートは、指導の宝庫です。

いつもより字を雑に書いてきたら、

「これは人に読んでもらう字ではありません。このままでいいのか?」

などと返信します。

ノートを忘れたからということで、ノートの切れ端に乱雑に書いて提出箱に入れる生徒もいます。

そんなときは呼び寄せて、

「ノートを忘れたうえに、こんなええかげんな切れ端に反省を書いてきても意味ないやろ。なんで忘れたことを言いに来ないんや」

と指導できます。

これらは、野球のうまい下手よりもずっと大切なことで、ノートを提出するというルーティンワークを課しているからこそできる指導です。

これは明らかに、僕自身の強みを生かした生徒へのアプローチです。

読者のみなさんにも、それぞれの教科の専門知識や教科以外の専門分野があるはずです。

それを生徒の日々の指導に生かさない手はありません。

ゴリゴリの体育会系だけが指導ではありません。

ご自身の強みを、改めて振り返ってみてはどうでしょうか。

2章

イマドキの部活動顧問の仕事

部活動顧問の仕事は，技術指導だけではありません。特に，生徒と接する中での仕事は，昔気質のやり方では通用しない時代になりました。

では，どのように生徒とかかわっていけばいいのでしょうか。

この章では，今日的な課題を踏まえたうえで，生徒とどのようにかかわったらいいのかを考えます。

「教室の延長線上に部活動の場がある」という考え方のもと，いくつか提示してみたいと思います。

1 生徒の言動の裏側、背景を見極める

練習途中に勝手に帰った部員をめぐって

会議が終わって練習に駆けつけると、2年生部員のKがいません。

2年生に聞くと、どうやら練習の途中で帰ったようです。

3年生にどういうことか事情を聞くと、3年生部員SがKを注意したとのこと。

それを聞いて顧問は、

「先輩に注意されて帰るとは何事や。ありえない。自分が悪いことを棚に上げて…」

と思いました。

練習の内容よりも、Kが帰ったことが気になり、合間合間に生徒に聴き取りをしていくと、全貌が明らかになってきました。

Kがふざけてキャッチボールをしていたところ、キャプテンが注意をした。そして、そ

れを不服そうな態度で聞いていたことを見咎めて、Sが改めて注意した。

するとKは、

「こんな野球部やってられるか！　おもろないから帰ったるわ！」

と当たり散らし、さっさと帰ったと言うのです。

本心に行き着くまで

次の日、登校してきたKを呼び寄せ、指導しようと話しかけました。

「あ、もう野球部辞めるのでどうでもいいです」

と投げやりで、次第に興奮し始めました。

「まあ、そう言わんと。みんなから話を聞いたぞ。帰ったらあかんやないか」

「先生、知らんでしょ！　いつも3年もふざけてるクセに、オレがやったら注意するんです。なんでオレだけ言われなあかんのですか！」

昨日の聴き取りでは、3年生がいつもふざけているという話は一切出てきていません。

驚いて、今度は違う角度でKの話を聞いてみることにしました。

「3年はいつも準備もせずにしゃべってて、用意ができたころにグラウンドに出てきてキャッチボールするんです。2年のみんなも、いつも『ムカつくよなぁ』って言ってます」

「そうか、それは気づいてなかったわ。すまんかったな。でも、昨日はなんで帰ったんや？　3年がそれでも、帰ったらあかんやろ」

「はい、昨日は僕も悪いと思ってます。でも、あんな練習なら絶対強くなりません。だから外のチームに行って、野球を続けようと思ってます」

野球が好きだからこそ、ちゃんと練習がしたい、強くなりたい。

しかし、その環境が今の野球部にはない。

そういう彼の思いが、途中で帰ってしまうという事態につながったのでした。

状況の整理とその後

先輩に注意したくても、2年生の自分にはできない。

キャプテンもいつもその様子を見ているのに、注意してくれない。

そうなると自分が退場するしかない、という発想になったようです。

サボってやろうという気持ちとは正反対の、真面目にやりたい気持ちをくじかれての失意の帰宅でした。

そのあと、3年生に聴き取りを行い、よくない態度は改めていく約束を部員全員でしました。Kもひとまず落ち着き、このまま部に残留して活動を続けることになりました。

ここでのポイント

場面を「点」で捉えればKの行動は軽率です。ただ、そこに至った経緯を丁寧に見ていくと、彼のとった行動にも納得させられるものがあります。

教師は、得てして、その場の行動のみを指導してしまうものです。

なぜそんな行動をとるに至ったのか。そこに共感できる部分はないか。

その見極めこそ、我々教えるプロとしての教師の仕事ではないでしょうか。

生徒の言動を「線」で捉え、その背景に思いを巡らすことで、事態をよりよい方向に進めることができるのです。

帰った生徒を強く叱る前にすることがある、という場面でした。

2　インクルーシブの視点をもつ

どこに重きを置く活動なのか

うろ覚えですが、Facebookで見たある動画が僕の心を捉えました。

少年野球の一場面。男の子が凡打を放って一塁に向かい、アウトになりました。ところが、それを見たベンチのみんながその少年に一斉に駆け寄ります。まるで優勝でもしたかのような、歓喜の輪でした。

どうやらその少年は病気を克服して、やっと野球ができるようになり、みんなが見守る中での打席だったのです。

この動画を見て、同じような気持ちで生徒を見ることがあるなぁ、と一人で思っていました。

中学生ともなると、生徒たちの体格差は顕著です。身体が大きいチームはやはり手強く、そんなチームに勝つのは容易ではありません。

また、中学1年生と3年生では、これまた雲泥の差です。

学校の部活動は、こういった体格差、技量の差などを問わず参加できるところが最大の利点です。と同時に、それは、あらゆる生徒と一緒に活動する可能性があるということなのです。

昨今、「インクルーシブ」という言葉が教育現場で聞かれるようになりました。

「インクルーシブ」とは「包み込む」という訳になるそうで、「インクルーシブ教育」とは、「障害のある者とない者が共に学ぶことを通して、共生できる社会の実現に貢献しよう」という考え方です。

今、部活動の現場においても、この視点は不可欠です。

もし、勝つことのみにこだわって活動すれば、障がいのある生徒や体格的に恵まれていない生徒、何かしらの困難がある生徒を出場させるのは厳しいのかもしれません。

でも、学校の部活動はそういうものではないと、僕は考えています。我々が重きを置くべきは、**参加する生徒が自分のサイズに応じた満足感を得られる活動になっているかどうか**ということだと思います。

たった1本のヒットでも…

先の動画の話に戻ります。

僕がその動画を見て心打たれたのは、その少年を取り巻くだれもが彼の復帰を心から喜んでいたからです。

コーチや監督は、他の子たちにどういうことを話してこの日を迎えたのでしょうか。それを素直に受けとめて歓喜の輪をつくった少年たちは、この先もきっとこの日のことを忘れないでしょう。

大会の役員で本部に詰めていると、学校それぞれにドラマがあることを実感します。

あるチームの試合で、大差をつけられて敗色濃厚となったゲームがありました。

終盤、そのチームの生徒がヒットを打つと、ベンチや応援席から歓喜の声が上がりました。打った生徒もうれしそうです。たった一本のヒットですが、このチームにとっては待望の一本だったのです。

ここでのポイント

試合で勝つことばかりに目が行くと、どうしても忘れてしまうことや、見ないふりをしておこうと思ってしまうことがあります。

そんなときは、もう一度学校の部活動が担っている役割を考え直してみましょう。

様々な思いを抱える、様々な生徒がいます。

それらすべてを請け負って、学校の部活動は成立しています。たとえ障がいや特別なニーズがあり、他の生徒とは違った参加の仕方になろうとも、相応に活動できる場はあるはずなのです。

特別扱いをせず、特別な扱いをする。言葉にすると矛盾していますが、そういう「間（あいだ）」こそ、学校という場にふさわしい視点だと思います。

3 「ありがとう」を多用する

自分ができないことには「ありがとう」を

会議が長引いてほとんど活動につけなかったとき、急いでグラウンドに顔を出します。そんなとき、キャプテンに様子を聞いて、どんな練習をしていたか確認します。

「そうか、ケガはなかったか。ありがとうな」

グラウンド整備を手伝っていて、ある生徒が「先生、整地道具片づけときます」と僕に声をかけてくれたとき、

「おっ、気がきくなあ。ありがとう」

練習試合で相手校の先生と話をしているとき、野球ノートを携えてキャプテンが僕のと

ころに駆けつけます。

「おっ、サンキュー。みんなノート持って来たか？」

「やってもらっている」とまでは思わなくてもよいのですが、ちょっとしたことに「ありがとう」と顧問から発信できるようになると、生徒の様子はずいぶん変わります。

「ありがとう」というのは自分のイメージ通りに働いてくれたとき、想定を超えたときに自然と発せられるものです。

こういう顧問からの「ありがとう」は、生徒の行動に対する評価です。

正当に評価された生徒は持続的にまたそれを繰り返そうとするものです。評価してもらえることを不快に思う生徒はいません。

しかし、**生徒を手なずけていると勘違いしている顧問からは、この種の言葉は出てきません。**得てして、そういう人はそういう人同士で結託し、新しい価値観を見いだせないものです。

自分ではなかなかできないことをやってもらったとき、素直に「ありがとう」と口にする。これは、簡単なことのようで、意外と実践されていません。

「ありがとう」と自然に出てくるようになれば、おもしろいことに生徒も自然とそういう行動がとれるようになれるものです。

理想は生徒間でも「ありがとう」

大会で審判員として試合に参加することがあります。

ベンチにいると聞こえてこないのですが、グラウンドでは生徒同士で試合中いろいろなことを話しています。

特に、強いチームはピンチのときに集まって具体的な話をしているものです。

ピンチでタイムをとり、マウンドに集まってこんな話をしています。

「ごめん、さっきの球、甘かったから打たれたわ」(ピッチャー)

「しゃあないやん、とりあえずアウト増やしていこうや」(他のメンバー)

「すまん、ありがとう。打たせるから頼むわな」(ピッチャー)

こういう会話ができるチームはきっちりとピンチを切り抜けていくものです。

よいプレーがあったときも然りです。

「ナイス！　ありがとう！」

「ＯＫ、ＯＫ！」

強いチームはこういうやりとりを大切にします。

自然と「ありがとう」が出る環境づくりを。これも顧問の心がけ次第でしょう。

顧問が自然と「ありがとう」と言えるチームは生徒も。これが理想ですよね。

4 「できなくて当たり前」という認識をもつ

「生徒は失敗する」という心の準備

中学生は必ず失敗します。

これは諦念ではなく、**心の準備としてそう考えるべき**だと思っています。

「先生、今日は全然打てませんでした」

「今日『は』って言うけど、今日『も』やろ？　笑」

「へへへ…、ホンマですね」

こんな会話は日常です。

「失敗してはいけない」という切迫感は緊張を誘い、それを切り抜けることは大きな成長につながります。

時に、そのような緊張をわざと誘発し、生徒にプレッシャーをかけることがあります。

これは、本番や大事な場面で切り抜ける力を養ってほしいと願うからです。

ただ、それが日常では生徒も息が詰まってしまいます。


部活動の現場では、生徒に「失敗してはいけない」というプレッシャーを与え続けている場面をよく目にします。

エラーのたびに何か言われる。

見逃し三振、サインミスでとにかく大きな声で叱られる。

「失敗したくて失敗してるんじゃないのになぁ…」。

僕はベンチでいつもそんなことを考えます。

失敗したときは、

「そんなもんやて。だから練習するんちゃうの」

と返す。

僕はいつもこのように生徒に接しています。

失敗に向き合う、向き合わせるのが顧問の仕事

試合でエラーがあっても、「そんなもんや。次、次！」と励まし、それでも、いつまでもすねているようなときには厳しく叱ります。

実は、その**すねているところまでが生徒の失敗**なのです。

うまくいかないときにショックを受けて落ち込みすぎたり、試合を放棄したりするような姿は、チームの士気に影響します。

そういう勝手は許してはならないので、必ず指摘します。

生徒に気をつかって「ちょっと距離を置こう」とか「今日はそっとしておこう」ということは顧問が絶対やってはならない失敗です。これは致命的なミスです。

うまくいかないときに気落ちするのは当然で、そこからどう気持ちを切り替えていくかということこそが大切なのです。

苦しいけどそれに向き合わせ、そこで生徒の成長を期待するのです。

それから逃げようとするのは、成長を自ら拒んでいるようなもので、失敗と向き合えない生徒は将来的に伸びていけません。

当然こちらも苦しいけど、言い続ける。

厳しさはしつこさ。ある時期から僕はこう考えるようになりました。

厳しさとは大きな声を出すことではなく、しつこく向き合い続けることなのです。僕は生徒が失敗するのを待っています。生徒を責めるためではありません。失敗に向き合わせることこそ我々の仕事だからです。

それでも生徒は失敗する

どれだけ寛容に、しかも手厚いフォローをしても、やっぱり生徒は失敗します。繰り返しますが、中学生とは「そんなもん」だと思います。

前の日に、

「先生、明日からちゃんとするから」

と涙を流して保護者の前で約束した生徒が、見事に次の日に同じ失敗をして追いかけ回したことは、一度ではありません。

5　ほめるために叱る

叱られる経験が乏しい生徒たち

「叱る」というと、感情を露わにして大きな声で生徒を檄する印象をもちます。

しかし、本当に生徒に染み込んでいく指導というのは、冷静に一つずつ薄紙を重ねていくような、地道な言葉の積み重ねだと思います。

失敗したらすぐに「こら！」とか「なんじゃそれは！」と言いたくなります。

でも、それは**指導者側の感情の一端であり、指導のための表現ではありません。**

テレビで時折、ジュニア期のスポーツの指導の場面を目にします。

幼い選手にコーチなり監督が厳しい声をかけ、大粒の涙を流す姿。

観ている人が思わず同情の念を覚える姿です。

これらの多くは、プロフェッショナルを育成する場であり、指導する側もされる側もそれを望んでいます。

しかし、学校の部活動は必ずしもそうではありません。

指導を受けて、きちんと叱られる経験が少ない生徒が毎年入部してきます。

きちんと叱られるというのは、生徒が「なぜ自分が叱られたのか」「何がよくなかったのか」ということを完全に理解し、納得できるように指導を受けたことを指します。

これは、**叱る側にも技術がいる**ということです。

かかわればかかわるほど「叱る」と「怒る」は同義に近づく

僕がかつて指導してきた生徒で、入学時からセンスのある双子がいました。

きっと小学生のときから本格的に指導を受けてきたのだろうと思い、

「どこで野球やってたん？」

と尋ねました。強いチームにいたという答えを予想していたのですが、

「公園です！」

「えっ、公園⁉」

野球をやってきたのは近くの公園というのです。思わず笑ってしまいました。その双子の兄が、エースに育ちました。

身体は大きくないものの、闘志を前面に押し出す典型的なピッチャータイプ。球は速くないのに身体の大きな選手を抑える姿は頼もしいものでした。

その彼。自分の調子が悪いときに感情をコントロールするのが苦手でした。よければとことんよい、悪ければとことん悪い。そんなタイプで、日によっては周囲が近寄りがたいくらいの雰囲気で振る舞うことがありました。

市内屈指の強豪校とゲームをしたとき、この悪い日に当たりました。打ち込まれて憮然とし、ゲームを放棄するような投げやりな姿勢。このとき、かなり強く叱りました。思えば、あれほどきつく叱ったのは記憶にありません。

「もう帰る！」と言って帰り支度を始め、スイッチが完全に切れました。

僕も我慢比べ。機嫌をとるようなことはせず、放っておきました。ペアの先生はやきもき。僕は「そのままにしておいてください」と言いました。

すると、帰ろうとしたそのエースを仲間が止めているのです。

「先生に謝れ！」

「帰ったらあかん！」

と水際の攻防が続きます。

しばらくして、泣きながら「先生、すいませんでした」と謝罪に来ました。

「普段、おまえが当たり散らしてる仲間が助けてくれたんや。感謝せなあかん。自分一人で野球はでけへんのや」

次の日、彼は完封ゲームをしました。いつもなら崩れるところでも笑顔でいられました。

もちろん、こんな美談ばかりではなく、胃が痛くなるような、しんどい場面ばかりです。

実感として、本気でかかわれば、叱ると怒るの差はほとんどなくなるように思います。

これが行き過ぎると、有形の力の行使（例えば体罰など）になるのかもしれません。

しかし、**そのような自分をメタ認知し、生徒を伸長させるための指導に徹するのがプロの仕事**です。「ほめるために叱る」と言ってもよいかもしれません。

生徒が「何に対して指導されているのか」がわかり、そこの振り返りができる言葉かけが理想です。関係性に甘えず、自覚的に指導にあたる行為こそ、「叱る」というものに値するのではないでしょうか。

（「ほめるために叱る」は、山口県の中村健一先生のご著書で知りました）

6　任せて、問いを投げかける

練習メニューを生徒に任せる

中学校の部活動は、どうしても生徒が中心になって進めることが多くなります。複数顧問であっても、最近は専門外の先生になり手をお願いすることもあり、必ずしも専門的な技術の体得ができないのが現状です。

僕も、ある時期から自分たちで練習メニューを考えさせることにしました。多くはキャプテンと相談し、内容を決めていきます。

日によっては、相談する時間もなく、生徒たちに自分でメニューを組ませて、ということもあります。やればやるほど慣れてくるものです。

自分たちの課題と向き合うということを念頭に、全体練習と個人練習の2部制でメニューを組みます。

特に個人練習の効果が大きく、自分たちのやるべき練習と向き合う機会を多くしているようです。後ほど、これについては詳述します。

一方、顧問主導で練習メニューを考えていると、**顧問の側がよかれと思って決めたメニューが、生徒のニーズに全然合っていない**ということがあります。

これはつまり、生徒と顧問の目標が一致していないということです。

授業も同じです。理解の早い生徒とそうではない生徒に、同じ課題を同じだけさせるのは適切だとは言えません。難しい課題でも易しい課題でも、工夫がなければどこかで不満が出ます。

任せるからできるようになる

課題が明確になってくると、おのずと練習でやるべきことが決まってきます。

そこを見過ごすようでは、まだチームとして幼い、成熟しきっていないと言えるでしょう。

例えば、1点がほしい場面でスクイズバントをさせたけれど、成功しなかったとします。

そうなると、スクイズプレーの練習をすることになるでしょう。

ただし、ここで重要なことがあります。

漫然と「今日はスクイズをやります」とキャプテンが申し出たら、

「何にポイントを置いてやる?」

と尋ねるのです。

ランナーのホームインの練習なのか、バントメインなのか。守備位置の確認なのか、ランナーのスタートがメインなのか。いろいろな視点が出てきます。

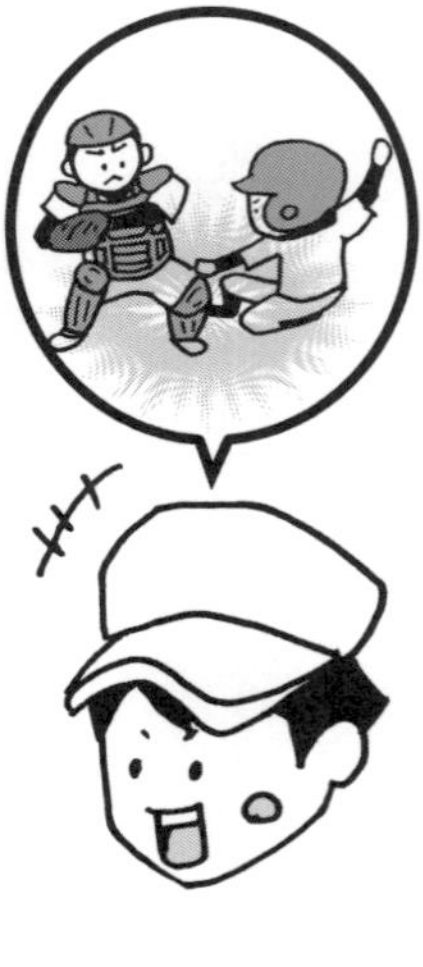

こうなると、専門外の顧問では太刀打ちできないように思いがちですが、要するに**「なんのための練習なのかを生徒に考えさせる」ということが重要**なのです。

僕はバレーボールのことはわかりません。

でも、もし生徒が、「今日はレシーブの練習をします」と言ってきたら、

「どういう場面のレシーブ？」

「なぜそれをする必要があるの？」

「どうなったらＯＫの練習？」

などと聞くと思います。


このようにしてメニューを考えるようになると、こちらがやってほしいと思っている練習と生徒からの提案が一致するようになってきます。たとえ一見遊んでいるように見えるような練習であっても、共通理解があるのでＯＫということになります。任せるからできるようになるのです。

7 生徒の感情の矢印をコントロールする

大きな力を何に向けるか

試合で判定を不服として審判に暴言を吐いたり、悪態をついたりする場面を見ることがあります。

盗塁をアウトと判定されて、

「どこ見とるんじゃ！　セーフやろが！」

と、食ってかかるような場面を止めたことがあります。

まずは、

「失礼やろ！　はよ帰ってこい！」

と行動を注意しました。

ベンチに戻ってもカッカしているその生徒も、時とともにクールダウンしてきます。

「あのな、あんなふうに食ってかかったら印象を悪くするだけやで。ツイてないときもある。しゃあないやん。その条件の中で精いっぱいやろうや」

判定は変わりません。**生徒の気持ちのもち様を変えさせるしかない**のです。

「先生、ストライクをとってくれません。際どいのを全部『ボール』って言われます」

「そうか、それは相手も同じやで。じゃあその条件の中でやるしかないやん。そこで腹立てて、『審判がおかしい』って思ってても、うまくいかんようになるだけ。辛抱やで」

こういう声かけを僕はベンチでよくやります。

怒りはパワーになる

野球では、「敬遠」といって、その打者の出塁と引き換えに、次打者と勝負する作戦があります。

これをされる次打者の気持ちは穏やかではありません。前の打者よりも力が劣ると見込まれているということだからです（作戦でする場合もあるのですが）。

こういうときに、生徒の感情の矢印をどこに向けてやるかです。

「カッカしてないか？　違うぞ。ここで打ったらカッコええんやぞ。やってこい！」

敬遠直後の打者にはいつもこう声をかけます。**ひと息入れて、ガスを抜いてやる**のです。

「くっそー、見ておけよ」という気持ちは大切。でも、多くの場合「力み」につながって、相手の術中にハマってしまいます。

「相手はそれがねらいや。ここは深呼吸して、いつも通りやってこい！」

ギラギラとした感情はパワーになります。その方向を定め直して、よりよい結果に結びつけようとするのです。

例えば、この後アウトになってムスッとしている生徒がいたとします。

みなさんならどう声をかけますか。

「やられたなー。またチャンスあるから、次頼むで！」

こんなふうに、**残念だった結果を一度受容して、そこから背中を押してやる**のです。

「何しょぼくれてんねん！　しゃあないやろ！」

と、顧問の感情を生徒に向けていたら、火に油を注ぐだけです。

このように、生徒の感情の矢印を正しい方向に向けてやるのが、顧問の仕事です。

普段の練習でもそう。うまくいかないからといって、八つ当たりしている生徒がいたら、

「まあ、待ちぃや。どうしたんや」

とひと呼吸。

うまくいかないときに「クソッ」と思える生徒は伸びます。あとはその感情をどこに向けさせてやるか。そこで顧問の手腕が問われます。

8 「白いご飯」にとっての「ふりかけ」になる

部活動までの道のりが大切

練習は生徒のものです。

ただ、生徒はどうしても技術的なことばかりを追い求め、それに至るまでの生徒として大切なものを置き去りにしがちです。だから、それに引きずられず、「そもそも」のところを見ていきます。

例えば、補習に呼ばれたり、忘れ物を頻繁にしたりする生徒には、**野球に行き着くまでのエラーをいかに少なくしていくかということばかり指導します。**

部活動のよさの一つに、日常生活の延長線上に存在している、ということがあります。

授業への取組や課題がいい加減なのに楽しい活動はありえませんし、顧問以外の先生の指導に従わず好き勝手する生徒が部活動に参加する意味はありません。

部活動に行き着くために、面倒なこともがんばる。

だからこそ、より値打ちのある部活動にする。

練習内容を云々する前に、生徒として一人前を目指し、その一環としての部活動であるということを、生徒だけでなく、顧問も忘れてはなりません。

ところが、勝ち負けのみに拘り、生徒の日常をあまり気にしない顧問もいるようです。

これは本末転倒であり、何のために学校で部活動をするのかということをもう一度考えないといけません。日常のクセはあらゆる場面で露顕するものです。

「白いご飯」（生徒）あっての「ふりかけ」（顧問）という自覚

さて、次に練習の中身の話です。

基本は、**生徒の提案に味つけをするくらいの距離感**です。

ただ、組織がまだ成熟していないのであれば、明確なレールを敷く必要があります。

究極は、顧問がいなくても自立、自律して練習ができるのが理想です。

しかし、現実はそう甘くありません。

生徒に任せて練習を行うにしても、「どうやればいいかわからない」という状態なのに「さあ、やっていいよ」というのはかえって不親切です。要所、要所で、

「こういうことをすれば？」

「ここをこうしてみようや」

と提案しつつ、生徒が自分たちのサイズに変換していけると、以後イメージしながら活動できるでしょう。

一方で、顧問自身が先駆的なおもしろい練習を知っているときは、どんどん活用すればいいと思います。

「こんなことを聞いてきたから、やってみよう」

顧問も、一提案者です。

生徒は新しい、おもしろい練習が好きなものです。

顧問はあくまで「ふりかけ」で、生徒という「白いご飯」あってのふりかけなのです。この関係性を忘れて、顧問が手取り足取りやってしまうと、全部お膳立てされないと何もできない集団になってしまいます。

まずは思い切って生徒に全部任せ、生徒がどう現状を捉えているのか探ってみるというのも一つの方法です。

任せるのが怖い状態であれば、どういう部にしていきたいのか、どういう練習にしたいのか、発信し続けることです。

9 試合で与えられている「顧問の役割」に敏感になる

君臨すれども統治せず

いくら生徒に任せるスタイルをとっているからといって、試合も完全に任せるというのは生徒も不安に思うものです。

競技にもよりますが、試合前に「今日は何を目的にして挑むか」ということを確認します。実は、これでもう顧問の試合での役割は終わりなのです。

野球はサインを逐一出すイメージがあります。実際そういう場面もあります。しかし、試合は生徒の成長を確認する場ですから、指揮官の不必要な指示や縛りがどこまで生徒にプラスになるのかは疑問です。

ある強豪校。

そこの顧問の先生は僕よりもずっと若く、毎年いいチームをつくってきます。大会で好成績を残したので、秘訣を聞くと、

「今日もノーサインでした」

と言うのです。

驚いていろいろと聞いてみると、試合はほとんどノーサイン。すがすがしいくらいの潔さです。

要所、要所は押さえてアドバイスをすることもあるそうですが、大きな大会でもいつも通り「ほぼノーサイン」ということでした。

この話をどう捉えますか。

僕は、生徒の信頼云々よりも、**チームとしての方針が明確にあり、それを全うしようとする生徒の様子を、先生はじっくり見守っている**ように思います。

試合は生徒が主役。これは間違いありません。

司令塔として生徒に「いつものようにやりなさい」と示す指揮官は、きっと生徒に信頼されるでしょう。

先の話は「ノーサイン」というチームの方針が徹底された例であり、必ずしもこのスタイルを勧奨するものではありません。

勝ちたいからといって、やったこともないことを試み、生徒に負担をかけるのは本末転倒です。良くも悪くも、生徒はやったことしかできないのです。

生徒がいわゆる「ゾーン」に入ったとき、思わぬパフォーマンスを見せることはありますが、これは生徒自身が最大限に能力を発揮しただけであり、指揮官が用意したものではありません。生徒の手柄は最大限、その生徒の手に与えたいものです。

役割は無限にある

試合というと、グラウンドの選手だけに目が行きがちです。

でも、ベンチにいる生徒もいるし、裏方に徹する相手チームの生徒もいます。

学校の部活動のよさは、こういうところをつぶさに観察し、次のチャンスにつなげてやれるところだと思います。

控え選手の役割、試合に出る選手の役割。そして、試合を待つ生徒の役割。

こうして考え始めると無限に役割はあります。

手持ち無沙汰にしている生徒がいれば、こういう細かい部分に注目させ、視野を広げていけるように声かけをします。

以前、イニングごとにヘルメットを並べてくれる生徒がいました。

守備についた生徒の準備にばかり目をやっていると気がつかない光景です。

彼はチームの有力選手。試合で出番を終えてベンチにいるときに、何も言わずに並べていました。僕はこういう生徒にこそチャンスが与えられ、スポットが当たればいいな、といつも考えています。

こんな一場面を取り上げ、ミーティングの折に共有します。

与えられた役割を全うするのは当然。与えられる前に気づいて自分から役割を買って出られるのが一流。技術の巧拙は関係ありません。

まずは生徒に提示します。

その後はそれに気づいて動けるか。**気づかない生徒はさておき、実は気づいているけど動かない生徒が少なくありません。**これはきっと、顧問自身がそういう態度を普段とっているからに他なりません。

気づいて、生徒に提示できているか。

その後、しっかり生徒の様子を見届けているか。

試合の動きにばかり気を取られ、本当に成長してほしい部分の働きかけがおそろかになっていないか。

生徒は顧問の鏡です。

役割を与えるのは顧問の仕事です。と同時に、自分がこの試合で与えられている「顧問としての役割」に敏感でいられているか。

このように、試合は気が休まる暇がありません。

成長できる要因の「るつぼ」だからです。

3章

部活動顧問の悪いクセ

ここでは，顧問がやりがちな，部活動現場の様々な「ＮＧ」を見ていきます。

具体的な場面を想定して述べていきますが，僕自身がこれまでやってきた失敗がベースになっている話もあります。

これらは，ちょっと前の時代であれば許容されたことかもしれません。

しかし，今の時代にはそぐわなくなったのです。

顧問の悪いクセ，みなさんも思い当たることはありませんか？

一緒に考えてみてください。

1 恐怖で生徒を支配する

こんな場面を見たことがありませんか?

「おぇ！　全員おるんか?」

「なんじゃ、その声は‼」

「そんなやる気ないランニングなんかやめてまえ‼」

練習試合に行ったときのある場面です。

会場に着き、相手校の顧問の先生と情報交換していると、突然生徒にこのような声をかけるのです。

生徒たちはビクッとして立ち止まります。そして、相手校の顧問の先生は、事あるごとに「おぇ！」と生徒に声をかけています。

大人同士では実に穏やかに話しているのに…。

なぜNG?

「こんな先生本当にいるの?」と思われるかもしれません。何よりも驚くのが、その言葉づかいです。何かにイラついているようにも聞こえます。

残念ながら、こういう場面はまだまだ珍しくありません。

生徒に恐怖感を与える指示や統率。

これを「父性の指導」と見紛う方もいますが、ずっとこの調子だと、生徒は顧問に服従しているに過ぎません。

確かに、つい大きな声で、しかも強い口調で指示を出してしまうことはあります。そうすると、確かに生徒は迅速に動いているように見えます。

ただし、これは外発的な動機づけに過ぎません。怒られたくないからやっているのです。

日頃から、「なぜみんなで大きな声を出すのか」「なぜそろってランニングをするのか」と、**意味を理解して行動できる内発的な動機づけがなされたとき、大きな声も怒声も必要なくなります。**

ただ、これには時間がかかります。だから、安直に、目に見えて効果の出やすい方法をとってしまうのです。

しかし、実は効果など出ておらず、対症療法的な、その場限りの方法だと気づかないといけません。

まして、部活動の現場は、プロアスリートを育成する場ではありません。

生徒を恐怖で抑圧する弊害も想像してみましょう。

おそらく、その顧問の前ではきちんとやっている「フリ」はできるようになるでしょう。

しかし、副顧問の先生、あるいは、留守を預かった顧問以外の先生の前では、**重石がとれた分だけ反動が起こる**ものです。

普段やらないようなふざけがあったり、もともと声を出す意味の必要性を感じていない生徒が声を発さなかったりと、容易に無秩序状態が想像できます。

もう少し言うと、その顧問の言うことだけを聞くようになり、他の先生の言うことを一切受けつけなくなります。

さらに困るのが、**その顧問の威光を利用して生徒に指導しようとする人がいる**ことです。

「あっ、これは○○先生（顧問）に伝えておかないと…」

などと口に出そうものなら、ただでさえ日常的に抑圧され、よい思いをしていない生徒たちは、反抗的な態度や挑発的な態度を見せることも考えられます。

集団を大きな声や恐怖心だけで統率しようとするのは非常に危険です。ましてや、その先生のキャラクターに合っていないなら、なおさらです。

2　生徒のマイナス面にばかり目が行く

こんな場面を見たことがありませんか？

よいプレーが出た生徒が話題に上がると、「いや、アイツ肩が弱いんです」

打点をあげた生徒を指して、「でも、足遅かったでしょ？」

相手校の顧問の先生と試合後に談笑していると、よくこんな話の流れになります。

また、送りバントのサインが出て、一度で決められず何度目かでやっと成功した生徒が、

「なんで1回で決められへんねん！」

とベンチで叱られていました。

そして、次の打者が簡単にアウトになって帰ってくると、

「せっかくランナー進めてくれたのに、簡単にアウトになりやがって！」

と、今度は矛先が変わりました…。

なぜNG?

ヒットを打ってベンチに帰ってきても、叱られている生徒を見ることがあります。その場面だけですべてを判断することはできませんが、「あの子は後でヒットをほめてもらえたのかな…」とつい気になってしまいます。

合同練習や練習試合を行うと、他のチームと自チームの選手とを比べてしまい、見劣りすることがあるかもしれません。

しかし、チームの欠点や個人の課題をあげつらっても、それで状況が改善するわけではありません。

何か課題を与え実力の伸長を願うのならばまだよいですが、**その課題は今の生徒に受け止め切れるサイズなのかという問題**もあります。

また、生徒のマイナス面にばかり目を向けたアプローチがクセになると、顧問の真意が生徒に伝わっていかなくなる可能性があります。

「どうせまた怒られる」というレディネスが生徒にできてしまうと、たとえその子にとってプラスになることも、うまく浸透しないのです。

例えば、先の送りバントの場面であれば、

「なぜ一度目で決めないといけないのか」

「一度で成功したらどのようなプラスの効果があるのか」

といった価値が生徒に浸透していれば、生徒は自分の物足りなさを実感できるでしょう。その上から押さえつけるようなお小言は本来必要ないはずです。

お小言であればまだよし、これが叱責であれば生徒が萎縮してしまうだけです。


マイナスの事象をどのように受けとめ、受けとめさせ、次のことを考えさせるか。そういった生産的な思考こそが重要です。

マイナスの事象を放置せよ、見過ごせ、ということではなく、**そのマイナスをどういう角度で見させるか**ということです。

ダメなことを「ダメだ」と言うのは、単なる非難です。

「では、どのようにすればよいのか（よかったのか）」ということに生徒の考えを向けさせることこそが顧問の仕事です。

そして何より「なぜダメなのか」が明確にならなければ、根本治療をせぬまま絆創膏を貼るようなものです。

教師であれば、生徒のマイナス面ばかり見る人はいないと思います。

きっと、どの生徒にもプラスの側面がある。

そう信じて、生徒たちと一緒に生活しているのです。

他の人は気づかない、その生徒のよさに気づくことができるのが教師であり、それができてこそ、我々は「教えることのプロ」と言われるのです。

傍から見れば「えっ、あれ別にええの？」と思うような、一見マイナスに見えるようなことをプラスにつなげる。

指摘を受けた生徒も、次に自分がとるべき行動を理解している。

生徒のマイナス面ばかりに目を向けていては、こうなることは難しいでしょう。

3　自分の思い通りになるという錯覚に陥る

こんな場面を見たことがありませんか?

「ここは打つな。1球待とう」というサインを出したにもかかわらず、生徒が打ちにいって、チャンスをつぶしました。サインの取り違いではなく、「打てそうな球が来たので、打ってしまいました」と。

後で他の選手に聞くと「なんで打たせてくれへんねん」と言っていたとのこと。

その生徒にも確認すると、

「あの場面は絶対打った方がいいと思うんです。1球待つ意味がわかりません」

と、悪びれる様子はありません。

「オレの言う通りにやれ！　オマエら教わってる側やぞ。もう試合せんでええわ！」

と叱責すると、生徒はムッとしたまま小さく返事をしました。

なぜＮＧ？

「生徒を思い通りに動かす」というのは、押さえつければ容易にできることかもしれません。でも、その弊害は言うまでもありません。

そもそも、「教えてやっている」という感覚は、勘違いしか起こしません。

サインに従わない生徒。サインに従うことを求める教師。

この場面で考えていくと、どちらが問題でしょうか。

こういう聞き方をすれば、どちらかが悪いことになってしまいます。

僕は、そういう視点では本当に両者がわかり合えることはないと思います。

両者とも悪くないし、悪いと言えば悪い。これはそういうことではありません。

なぜ１球待つのか。なぜ打ちたいのか。**同じように勝つことを目指しているのに、それぞれ道筋が違っている**ことに、まずは気がつかないといけません。

１球待ってほしい教師は、なぜそうさせたいのでしょうか。

打ちたい生徒は、自分がここで打つことでどうなると考えたのでしょうか。

こういう自分が大事にしたいことの価値を共有できて、はじめて作戦は成立します。

生徒が教師の指導に従うのは、当然のことかもしれません。ただ、これは**全部が全部、従順であれということと同義ではありません。**

ある生徒が授業で、「ノートをしっかりとりなさい」という指示に、理由もなく従わないとします。これはどう考えても、生徒に問題があります。

ノートをとる意味は、理解を促進すべく書き留めておくためであり、後から復習するためでもあります。こういう価値が共有されているからこそ、指示に従わない生徒が指導の対象になるのです。

ここでは作戦でしたが、部活動ではあらゆる指導の場面があります。

生徒が思い通りにならない。自分の言ったことに従って動かない。こういう現象は、生徒が指導されたことに価値を見いだしていないだけかもしれず、すぐに教師自身を軽く見ていると解釈してはいけません（「自分はなめられている」とか）。

ひと昔前なら、サイン通り、指示通り迅速に動くことが生徒に求められていました。

教師の側は、指示することに意味があり、それをしないと「指導ができていない」と思われてきました。

そして、動かない生徒がいると、語気を強めて指示に従うよう促してきました。

これは、そのような昔のやり方を非難しているのではなく、それでよい時代があったということです。

しかし、今はあらゆる価値観が認められる時代です。

ひょっとすると「ノートをとらない権利」というのも、見方によっては成立します。

そんな時代だからこそ、**生徒と教師が「よりよい作戦として何が最適か」ということの、価値や意義を共有できていることが求められます。**

僕は主軸の生徒に、

「もう細かいサインは出さないから、どんな場面でも打っていけ」

と言ったことがあります。もちろん、他の生徒の前でも公言します。

逆に、細かなサインを受けて作戦を実行してほしい生徒には、

「こういうときにこの作戦ができるようになってほしい」

と言います。もちろん、なぜそうしてほしいのかということもあわせて話します。

「教える」「教えられる」はあくまで役割であって、立場の優位性を示すものではありません。あるのは教師と生徒という立場の違い。ここの差は注意深く生徒に話しています。

4 謙遜を通り越して、けなす

こんな場面を見たことがありませんか?

試合で完敗した後の、相手校の顧問の先生とのやりとりです。

「今日は全然打てませんでした。あのピッチャーの子、すごくいいですね」

「あれで? いつもならもっとええよ。今日はあかん。変化球なんかさっぱりや」

それを言われて、「そうなのか…」と思った後、そんな状態でも勝てなかった自チームがとても情けなくなりました。

同じように、打点をあげた相手校の生徒をほめてみると、

「あんなんたまたまやで。まぐれや。あんな当たり見たの、久しぶりや。でもあれ以外全然やったからな。あれ以外があいつの実力や」

と。またもや、なんとも言えない気持ちになりました。

なぜNG？

自チームの生徒を評価してもらったとき、謙遜する顧問は少なくありません。実際、偶然調子がよい日に当たって活躍したということもあるでしょう。普段活躍していない子の意外な健闘に面映い気持ちになり、ほめ言葉が恥ずかしいのかもしれません。

しかし、生徒が評価されたいと思っているなら正当に評価してやればいいし、もしもっとがんばってほしいなら違う表現もあります。

NGとまでいかないかもしれませんが、謙遜も度が過ぎると考えものです。

保護者の中にも、こういうことをおっしゃる方がいます。

僕は応援に来てくださった保護者とは、可能な限り話します。そんなとき、生徒の活躍に話題が及ぶと、

「いやいや、ウチはまだまだです。打たせてもらっただけです。たまたまですよ」

とおっしゃる方が少なくありません。

こういうときは、**保護者も知らない学校での普段のがんばりなども伝えます。**部活動だ

けでなく、学校生活も共にしている教師だからこそできるフォローです。

ここで問題なのは、謙遜を通り越して「けなす」ということです。

自チームの生徒をほめてもらったら「ありがとうございます」と素直に受け取ったらよく、それは別に傲慢なわけではありません。

もし、学校生活の別の場面で、同じように自分のクラスの生徒がほめられたら同じことをするでしょうか。

「今日、あの子難しい関数の問題を解けて、みんなに拍手されたんよ。うれしそうやったで」

「そうなんですか？　いつも何もできないのに、なんで今日に限ってできたんですかね。国語じゃ全然あかんのに」

こんな先生、いませんよね。でも、部活動の現場ではよく見かけるわけです。

言っている教師からすると、それが愛情表現の一つ、あるいは「叱咤激励」の言葉であっても、相手がその真意を受けとめきれるとは限りません。

「よいものはよい」と率直に表現する。**それが社交辞令であっても、額面通り受け取り、身の丈に合った表現で正当に評価してやればいい**と僕は思います。

前著『部活動指導スタートブック』の中で、「生徒に迎合してはいけない」と述べましたが、正当に評価することと、迎合することはまた違います。この違いを、僕たちは教室と部活動とを往来しながら、日々確認していきたいものです。

5　生徒を飼いならす

こんな場面を見たことがありませんか?

学校行事で部活動の生徒が準備に駆り出されることがあります。

「いいですよ、ウチの部の生徒使ってくれたら」

生徒もこういう場面に慣れており、テキパキと動いてくれますが、少しでも動きが緩慢だと、「さっさとやれよ!」と顧問から厳しい叱責の声が飛びます。

後日、ある生徒から「いつも手伝わされてしんどい」と聞きました。顧問のちょっとした用事もよく頼まれ、先生のイメージと違ったら怒られた、という話も耳にしました。

他の先生からは、その部は非常に評判がよく、いつも助かると言われています。

顧問は周囲のそのような印象にご満悦です。

なぜNG?

部単位で生徒が学校行事の手伝いをすることに関しては、賛否両論あるでしょう。

ここではその是非ではなく、**生徒を「使う」という感覚が気になるポイント**です。

生徒に「頼む」。生徒を「使う」。

生徒がやることは同じでも、まったく意味合いが違ってきます。


部活動の生徒は、顧問の所有物ではありません。

部活動の顧問は、長い時間を生徒と一緒に過ごします。休みの日も一緒にいるので、自分の所属学年ではなくても、かなり濃密にかかわっています。

そうなると、生徒と教師の人間関係はどんどん深まっていくのが通常です。

深まったからこそのコミュニケーションももちろん出てきて、他愛のない冗談を言い合ったり、ふざけ合ったりと、楽しい時間を過ごすこともあります。

ただ、そういう間柄になってくると、何もかもが許されると考えてしまいがちです。

「ウチの生徒を使っていいですよ」

という言い方も、案外自然に出てきてしまう言葉です。もちろん、教師に悪意などはなく、そう言われて特に何も感じない生徒も多いかもしれません。

しかし、こういう感覚に違和感をもたずにいると、「生徒は自分の指示に従って当然」「自分の言うことはなんでも聞くのが当たり前」というような心性になってきます。

「3　自分の思い通りになるという錯覚に陥る」でも述べたように、生徒にも意思があり、個々の考えがあります。

学校行事のお手伝いをさせるのであれば、その意図を明確にして、「手伝ってもらう」という感覚が本来必要なのではないでしょうか。

僕もある役職にあったとき、野球部の生徒に準備を手伝ってもらったことがあります。

「先生が当番やから、ちょっと手伝ってほしいんやけど」

と部員たちに話し、一緒に準備をしました。終わったらもちろん「ありがとう」です。

もしここで、**ふざけるような生徒がいれば、手伝いには参加させません。**一見、これは非情のように見えるかもしれません。

でも、頼む以上、きっちりやってもらいたい気持ちがあります。

こう言うと「頼んだ時点で私物化しているのではないか」という声もあるでしょう。

僕は、生徒が学校のために手伝いすること自体を、悪いことだとは思いません。**みんなに応援してもらうために、他の生徒が面倒だと思うことに取り組むのは大切なこと**です。他の人がやらない仕事に取り組むことは尊いのです。

ただ、生徒を「使う」というのは、顧問の傲慢な姿勢に他なりません。

「使われる」生徒がイヤな顔をするのも無理はありません。

なぜなら、「なぜそれをするのか」がわかっていないからです。

買い物を頼むことも、場合によってはあるかもしれません。僕も練習試合の相手の先生に…と、飲み物を買いに行ってもらうことがありました。

これは、部にとって必要な気配りの一環であり、それをお願いしたまでです。

「え〜、なんでー」という表情の生徒には頼みません。**その行動の意味や価値が理解できていないから**です。

顧問の言葉ひとつとっても、生徒とどうかかわっているのかがわかるものです。「いつも一緒にいるからこれくらい…」という感覚は、単なる甘えと肝に銘じたいものです。

6　ほめない、喜ばない

こんな場面を見たことがありませんか？

チャンスの場面でタイムリーヒットを打った生徒が、ガッツポーズしています。ホームインした生徒もベンチで歓喜し、みんなうれしそうな表情をしています。ただ顧問だけは、次のバッターを見ています。表情ひとつ変えず、次のサインを出し、これも成功しました。流れは完全に自分たちのものに。

それでもやっぱり顧問は無表情。

「先生、ずっと黙ってサインを出されていましたが、喜ばないんですか？」

「監督というものは、むやみに喜んだらあかん。心の中を相手に読まれるやろ」

その顧問は、勝った後も喜ぶ感じがありませんでした。

なぜNG？

よいプレーができたら、生徒はうれしいものです。

仲間も同じで、やはりうれしいものです。

そのとき顧問はどうしているでしょうか。


様々な試合の様子を見ていると、ベンチの様子は少しずつ変わってきました。

ちょっと前なら、顧問のまわりに生徒が群がることはありませんでしたが、顧問も一緒に大きな声で応援している姿を目にします。

しかし、顧問は生徒と一緒になって一喜一憂してはいけないという暗黙の了解のようなものが、いまだに存在するのも事実です。

黙して語らず。

これも一つの指導スタイルです。

でも、我々は一つの結果に一喜一憂してはいけないプロフェッショナルの世界で生きているのではありません。

生徒がヒットを打ったり、点が入ったり、よいシュートを決めたりしたら、一緒に歓喜してもよいはずです。

「そんな簡単にほめたら生徒は図に乗るから」

というのであれば、どこでほめるのでしょうか。

優勝？　全打席ヒット？　そんな大きなことではなく、**一つずつ、成果が出たなら正当に評価してやればよい**のではないでしょうか。

もちろん、わざわざほめる必要のないことまで取り上げて、わざとらしくほめる必要はありません。それは単なる迎合であって、かえって生徒の成長を阻むものになります。

でも、教室だとよい意見が出たり、おもしろい答えが出たりすると、それを共有して生徒と一緒に分かち合いませんか。

正当に評価されると生徒は自信をつけ、次もがんばろうという気持ちになるはずです。

チームによっては、**一つのヒットさえもドラマになるような生徒がいます。**

「ヒット1本であんなに喜んで…。レベルが低いな」

と憮然として生徒の様子を見ている。これがかっこいいのでしょうか。

それは単に自分に酔っているだけです。

たとえ自身がレベルの高い世界を知っているとしても、小さな成果を正当に評価できないのであれば、それはもう教育活動とは言えません。

生徒あっての教師、選手あっての指導者です。

7 独りよがりに高い目標を掲げる

こんな場面を見たことがありませんか？

夏休みは炎天下の中で活動があります。

「明日から7連戦なんです。今は試合経験が必要ですからね」

「練習試合の後、学校に帰って練習をします。課題はその日のうちに修正しておきたいので」

そんな話をする顧問の横には、疲弊しきった生徒の姿があります。

それでも、やればやるほど生徒は従順になっていくように見えます。

「とにかくひたむきに取り組むチームにしたいんです。ウチはまだまだです」

夏でも一日中活動し、次の休みはいつになるのでしょうか。

なぜNG？

僕も高校生のときに、「試合の後に帰って練習」ということがありました。学校に着いたのは夜の8時前だったと思います。

和歌山から大阪。小旅行です。今でも鮮明に覚えています。

僕は補欠だったので、居残り練習も多かったのですが、全員連れて行ってもらえる機会もありました。

こういう機会で不甲斐ないゲームをして、顧問の先生の「帰還命令」が出ることは正直なところ恐怖でした。

勝つことはもちろん大事ですし、そのための練習であることは十二分に承知しています。

しかし、その練習を本当にその日にする必要はあったのでしょうか。

また、連戦に継ぐ連戦の中で、チームが強くなっていくことがあるのも確かです。

しかし、特に中学生は故障が心配です。試合に出る生徒はずっと出続けなければならず、負担が一極集中する可能性があります。

生徒を成長させたいという顧問の思いは絶対に必要です。

それがなければ、生徒は成長できません。

ただ、それが顧問だけの思いであれば、独りよがりと言わざるを得ません。

特に、**赴任したての教師や、もともと強豪チームにいた教師、自身がタイトなスケジュールで活動してきた教師は注意が必要**です。

今までにない濃密な活動を行うと、部員や保護者などから歓迎される「ハネムーン期」があります。

あらゆることに感謝され、顧問も自負心を強めていきます。

しかし、これは長くは続きません。**ハードルの上げ過ぎは、真面目にがんばりたい生徒ほど苦しめてしまう**のです。

例えば、夏のお盆の時期に練習試合をたくさん組んだとします。

「先生、家族で田舎に帰るので、明日から3日間休ませてください」

「えっ？　明日から3連戦って、予定表に書いてあったやろ？」

「でも、もう家族が準備しているので…」

「もうええ、わかった」

こんな会話を目の当たりにしたことがあります。

諸事情あるし、異論もあろうかと思いますが、僕からすれば、お盆に練習試合をたくさん組む方が、感覚がずれているように思えます。

家庭の事情で抜けてしまう生徒が出てくることが、容易に想像できるからです。

このように、たとえ生徒の成長を願っていても、顧問の思いが無茶なものだったり、常識からかけ離れたものであったりすると、生徒を成長させるどころか、生徒にとっては迷惑なだけです。

勝つことを目指す中で、顧問至上主義（「俺の言う通りにしろ」という心性）は注意すべき視点です。

ちょっと立ち止まって、自分のあり方を見直す時間があってもいいと思います。

4章

生徒が望む集団
生徒が望む指導者

運動部であれ文化部であれ，目標に向かって活動する以上はよい成績を収めたいと考えるはずです。

その目標に向かって，生徒はどういうチームで取り組んでいくことが最適でしょうか。また，どういう指導者のもとで活動することを望むでしょうか。

プロアスリート育成の世界でも，根性一辺倒ではいかないことが周知のものとなってきました。

部活動が学校の教育活動の一環であることを最重要視し，生徒の望む集団や指導者の姿を探ります。

1 生徒と教師のラインがはっきりしている

「厳しいこと」と「偉そうなこと」は違う

僕は練習の合間やちょっとした場面でよく生徒と談笑します。休み時間の廊下で生徒と話すような、そんな雰囲気です。

しかし、こういう姿を好まない先生もいるでしょう。僕も少し前まではそうでした。

「そんなことしたら、生徒にナメられるよ」

と言う人もいるかもしれません。

確かに、いつでも強く言っていれば統制は取れるでしょうし、対外的な目に晒されたときにも面目が立つでしょう。

保護者が、昔のドラマみたいに「熱血先生」をイメージしてそれを求める姿も、そこかしこにあります。そういう指導を全否定するつもりはありません。

しかし、僕が考える厳しさとは「しつこさ」のことです。**しぶとく追いかけ続ける姿こそ、本当の厳しさ**だと思うのです。これはとても根気がいることです。

「カバンをそろえて置こう」

と常々言っています。

しかし、何度言っても徹底できません。他の人から見ればそろっているように見えても、毎日見ていると乱れに気づくものです。

談笑するような関係性でいても、こういうことは認めません。

練習の合間、合間に

「このカバンだれや？　向きが違うよ」

「このカバンのファスナー開いてるの、だれか注意したか？」

などと、集団に声をかけます。

こうして根気強くやっていると、キャプテンが「だからこうやって…」と不十分なときは仲間に注意するようになります。こういうことが僕の仕事の成果だと思います。

これを、大きな声で、

「だれじゃ！　カバンを雑に置いてるヤツは！」

とやり込めても、生徒が意味を感じていないといつまで経ってもできるようになりません。**大きな声でいつも生徒を威圧的に指導していると、生徒は顧問の怒声を避けるためだけに振る舞うようになります。**

面従腹背とはこのことで、大きな声を出されさえしなければそれでいいのです。

「それはみんなの仕事じゃない」

フラットな関係を保っているように見えても、超えてはならないラインがあります。

馴れ馴れしい言葉づかいをする。

練習メニューにケチをつける。

選手起用や作戦にクレームをつける。

こういうことを許容していると、ややもすると生徒は勘違いをしてしまいがちです。生徒目線は迎合とは違います。寛容と迎合の間には大きな隔たりがあります。

「それは先生の仕事や。みんなとは役割が違うねんで」

これは誇示しているのではなく、明確な宣言なのです。

生徒と顧問の役割は違います。

歩み寄っていいことと、そうではないことがあります。

何かをしたときに、生徒から、

「ありがとうございます」

と自然に言える関係。これが理想です。

「やってもらった」と生徒が思えるようなかかわり方をしていきたいものです。

そのために必要なのは、偉そうな口ぶりではなく、**いつのまにか積み上がっている言葉の蓄積**です。顧問の役割と生徒の役割がはっきりと言葉で明示され、それを共有できていることは、グラウンドだけではなく教室でも大切なことではないでしょうか。

2 ほめることに慣れている

「ナイストライ！」「1点でよかったやん」

「あなたは今日、いったい何度生徒をほめましたか。何についてほめましたか」

実は僕はこの手のコーチング本が苦手です。

「目の前の現象をなんでもかんでもほめないといけないのか…」

といつもの風景を見て感じます。

顧問は生徒の物足りない点を指摘し、改善させ、個々の力の伸長をはかるものだと思うからです。

ただ、これも意識してやらないと、いつの間にか生徒のアラ探しをしている自分に気がつきます。ほめることが少ないと、いつも怖い顔になっています。

「ナイスバッティング！」

と手を打って、生徒と喜びを共有したらいい。

強いチームなら、いちいち1本のヒットで喜ばないかもしれません。でも、ここで生徒に声をかけてやるのが、教師の仕事ではないでしょうか。

果敢に前に出て失敗したら、

「ナイストライ！　ええぞ、次はうまくいくよ」

点を取られて帰ってきたら、

「1点でよくしのいだな。しんどかったな」

考えてみると、バレーボールやプロ野球のプロフェッショナルの世界でも、よいプレーが出ると、ハイタッチをしたり、手を打ったりしています。やはり、この方法は効果的なのです。

「こんなことでほめて…」という気持ちはだれのためなのか

冒頭のコーチングの話に戻ります。

結果でほめるのはわかりやすいのですが、我々顧問は生徒の日々の努力を知っています。**顧問にほめてもらうということは、生徒にとっては「普段の姿」を肯定してもらっていることに等しい**のです。

逆に、普段いい加減の繰り返しの生徒が結果を出しても、僕は手放しでは喜べません。だからこそ、日々の指導が大切になってくるのです。

それが偶然の結果であったのなら、

「今日はたまたまじゃないかな。これが実力だと思ってもらえるように、普段からもっとやってみたらどうや」

と声をかけられます。

また、

「こんなことくらいでほめてしまっていいものか…」

と、迷うことがあるかもしれません。

生徒の歓心を買うためのものであるなら、それは違います。ほめるためには、生徒の様子に注視する必要があり、がんばりが認められるなら、それがプレーではなくても、積極的に生徒を評価しないといけません。

そのような肯定的な評価をし続ける、声を出し続けることで、それがデフォルトになります。厳しいことを言うときも、普段肯定的に評価している人からだからこそ、生徒は真摯に受けとめようとするのです。

ほめることに慣れるのは、これからの部活動指導には必須の視点です。

ムスッとして、ほめようとするのを自制することがいったいだれのためになるのでしょうか。教室では先生は…、もう説明の必要はありませんよね。

3 何がダメか、なぜダメかがはっきりしている

遅刻してきたキャプテンが…

ウチの野球部では、「試合に遅刻したらゲームには出られない」という約束をしています。このルールは、エース、レギュラー、キャプテン、控え、だれであろうと、厳然と運用されています。

以前、ウチに力のあるバッテリー（投手と捕手のペア）がいました。当時、キャッチャーがキャプテンでチームの中心でした。ピッチャーの勢いのあるボールをうまくリードし、ピッチャーだった子も彼がいるから思い切って投球ができている、というところもありました。

ある日、いつもの15分前集合の時間にキャプテンが来ませんでした。5分ほど遅れて彼が到着し、

「家を出てから自分が時間を間違えていることに気がつきました」

と僕に話しました。

「じゃあ、しゃあないな。今日は自分のできることをしなさい」

と告げて、違うキャッチャーの子を起用し、試合は負けてしまいました。

いつもできていることでも、ふと違った行動をとってしまうことがあります。彼の言い分を後から詳しく聞くと、

「いつもなら間違わないのに、今日は『なんかおかしいな』と思っていたら、遅刻の時間になっていました」

ということでした。

だれが出ても問題のないような力のあるチームなら別かもしれませんが、特に最近では「ここにはこの子」というギリギリのチーム運営をしている学校が多いのではないでしょうか。

そんな状況では、チームにとっても厳しいルールかもしれません。しかし、これを厳然と運用することで、他のルールも厳然と運用できるのです。

今では時間ギリギリになると、

「先生、アイツが遅刻したら僕今日どこを守ったらいいですか？」

と、「ルールを見越したうえでの行動」で話ができるようになりました。

「なぜ？」に納得しているから運用できる

試合をする以上、勝ちたいのは当然です。僕もそうです。

そうなると、頼りになるのは技術的に優れた生徒です。

しかし、どんな生徒でも、プレー以外で周囲に迷惑をかけてはいけません。

野球以外でヒヤヒヤさせないでほしい。チームで信頼されているならなおさら。**信頼されるためにルールを守るのではなく、ルールを守るから信頼される**のです。

技術的に優れた生徒は、ややもすると自分を過大評価し「俺がいないと試合で負ける」と、誤った価値判断をすることがあります。そんな生徒であれば、その子の力で勝っても値打ちがあるとは思えません。

「値打ち」というと現金に聞こえますが、これを「意味」と言い換えるとしっくりきます。

僕は、**ルールを設定するうえで、「なぜそうするのか」ということを明確にします。**

目先の勝ちなど、はっきり言って部活動においては「どうでもいい」とさえ思います。部活動を引退し、その後に待つ生活の方が圧倒的に長いのです。

そうなると、試合に勝った負けたよりも、承服し難いルールでも意味や意図を理解し、それを全うできる素直さ、誠実さ、忍耐力の方がよほど価値があります。

何がダメで、なぜダメかということに真正面から向き合った生徒であれば、我田引水せず、周囲にも納得してもらえるように主張できると考えています。

指導者がそうあってこそ、そのような生徒が成長していくのではないでしょうか。

4　キャプテンの支えは顧問の先生

相談相手としての顧問でいるために

「先生、最近部活しんどいんです」

と相談されたことがあります。

ウチの部ではありません。クラスの生徒です。

近頃様子がおかしいな、と思っていたので「あっ、これか」とピンときました。ある部のキャプテンのAという生徒で、部員が全然言うことを聞いてくれないというのです。

普段自分が友人として接するときは楽しいし、ストレスはないのに、部活の場面になったとたんにいつもの楽しさはなくなる、とのこと。

優しいAは、部員に厳しく言いたいのに言えず、悶々と部活動の時間を過ごしているようでした。

「それ、顧問の先生知ってるの？」「相談したことあるか？」

答えは「Ｎｏ」でした。

どこにでもありそうな話です。顧問の先生が部活動に顔を出す機会が少なく、どのタイミングで言えばいいか悩みつつ、そのままになっているみたいです。

顧問の先生が違う学年なので、授業の合間に相談に行くのもしんどいということでした。

このケースでは、担任の僕がひとまず相談相手になりました。

また違う生徒のケースもあります。

Bたちは、活動中に顧問の先生の逆鱗にふれたそうで、今日の活動について「勝手にしろ」と言われていました。部員同士で右往左往し、どうしていいかわからない様子。キャプテンがやはりウチのクラスの生徒でした。

「このまま放っておくのが一番よくないよ。突き放されるかもしれんけど、何人かで先生のところに話をしに行き。突き放されてもお願いするんやで。なんとかなるよ」

放課後、先生に話をしに行っている様子が見えました。ひと安心した場面でした。

なぜ生徒たちは、顧問の先生に直接相談に行けないのか。理由は様々でしょう。

部活動以外ほとんど接点がない。

怖い。

言っても頼りにならない。

生徒は生徒なりに考えています。普段から生徒と話をしやすい関係を築けているか、ということがここでは大切になってきます。

そのためには、顧問がキャプテンや部員に相談するということだと僕は考えています。

例えば今日の練習メニューを、試合のメンバーを、練習の予定を。場合によっては部の方針など、大事なことも相談する。

そういう**「相談相手」としてキャプテンと接し、フラットに生徒と話し合える関係を日頃から築いていることが大事**だと思います。

どんなときもラインは越えさせない

相談相手として接していると、生徒が勘違いしてこちらの領域を侵して発言してくるこ

ともあります。そんなときは、

「それは先生の仕事や」

とはっきり言い切らないとなりません。

リーダーは孤独なものです。その孤独を共有できる支えとして顧問が機能すれば、生徒は心強いうえ、気持ちよく活動できるはずです。

5 顧問がチームの一番のファン

「好きだ」と言い切る

僕は**「このチームの一番のファンは僕」**と言い切っています。

こんなことを言うと気恥ずかしく、くすぐったくなる人もいると思います。

でも、こういうことを公言すると、何かと生徒と向き合いやすくなると思うのです。

「ファンやから気になるんや」

「ずっと一緒にいるから注文をつけたくなんねん」

と、いうふうに生徒によく話します。

練習試合をしたときに、見ていて辛くなるような負け方をするときがあります。

普段がんばっている生徒がまったくうまくいかず苦しんでいたり、終始劣勢でひとつもいいところがなく負けてしまったり、活動をしているとそんなことがあります。

カッカする顧問の気持ちもわからなくもありませんが、**意気消沈している生徒の気持ちに寄り添い、一緒にしんどい思いをするのもファンの務め**です。

ミーティングで叱咤激励のつもりで「やる気あるんか！」と責めたくなりますが、そこは我慢です。やる気はあるのです。それがくじかれての結果です。

「しんどかったな。でも、みんなのこと好きやからキツいこと言うけど聞いてや」と切り出します。好きだから放っておけない、という気持ちをしっかりと伝えます。

ファンになるための秘訣

いくら顧問だからといって、すぐに好きになるのは難しいものです。

僕はどんどん生徒の輪の中に入って、楽しいことを共有します。一緒にプレーすることもあるし、冗談を言い合うことも。まさに教室の空間と同じです。

手なずけようとする心性では、到底生徒のファンになることは不可能です。

努力する生徒の姿を見て、生徒が「理想の自分」になっていくのを手助けします。

とはいえ、うまくいかないことがほとんどです。その繰り返しで、顧問は生徒のファンになっていくのです。**「うまくいかなくて当然」という大きな心と、「いつかうまくいく」と信じる心を常にもっていたい**ものです。

また、愛着が余って、顧問自身の言葉が多くなってしまいがちです。ファンでありながら、我々は顧問です。生徒は失敗したくてしているのではありません。それを常に頭に置けば、生徒のあらゆる姿を許容できるのではないでしょうか。

一方で、一緒にいるのがしんどい生徒たちと向き合っている顧問もいるはずです。ファンであるからと言って、なんでも許容するのは難しいことがあります。指導上、許してはならないことがあるときは臆せず向き合って指導にあたればいいと思います。

ただ、規律や厳しさで組織をまとめようとするのは限界があります。そんなときは「なぜこれをするのか」「なぜこうしたいのか」ということを十分に理解させてから、顧問自身の持ち味でチームをつくっていけばいいと思います。

ファンでいることは総じて苦しいものです。その中でどうやって楽しさを共有していくかということを、ご自身の切り口で生徒と探ってみてください。

5章

よいチーム よい集団に なるために

よいチームは応援され，よい集団は大きな成果を上げます。かかわる人たちが「このチームでよかった」「みんなとやれてよかった」と思えるのが理想です。

そのためには「成果＝勝利」とせず，部活動を通して得るものや，終わった後に残るものを意識して活動することが大切です。

勝ち負けだけに執着せず，生徒に待ち構える「これからの世界」に少しでも寄与できるようなかかわり方はどういうものでしょうか。

ここでは，遠い先を見越してチームや集団の力を高めていくにはどうすればよいか，ということに触れていきたいと思います。

1　攻撃的な発言に敏感になる

仲間を追い込む声に気づけるか

ストライクが入らないときに、

「ピッチャー打たせろよー！」

と、チームから声が出るときがあります。

「真ん中でいいから！」

「ボール多いでー！」

ピッチャーはどんどん焦って、余計にうまくいかなくなる…。

だれも制球を乱したくて乱しているのではありません。

一番ストライクがほしいのはピッチャーなのです。

ところが、同じように指導者も、

「ちゃんと投げろよ！」

と追い打ちをかける。よく見る光景です。

ミスをしたときやうまくいかなかったときに、その現象を「責める」発言はまったく無意味です。

それよりも **「次どうするか」「そのミスは今は見直さなくていい」と、先に目を向けさせてやることが大切**です。

冒頭の声かけは、ピッチャーへの叱咤激励のつもりで、実は不甲斐ないピッチャーを責めたい気持ちが働いています。

他のミスでもそうです。

「今の追いつけるやん！」

「そんな高め振ってどうするねん！」

などと、指摘が糾弾になっています。

では、そういう攻撃的な気持ちをどう抑えるか。

「自分が言われたときにどんな気持ちになるのか」を想像させる訓練を繰り返すことで、この種の発言は減っていきます。

何度も言いますが、だれもミスをしたくてしているのではありません。そのことをみんなが認識して声をかけ合っていれば、攻撃的な気持ちにブレーキがかかります。

「言い換える」という手立て

では、ミスを放置してもいいのかというと、もちろんそうではありません。

味方にかける声が次に備えるためのものになっていれば、糾弾にならず、リラックスさせることができます。

もし打球に追いつけなかったときであれば、

「次も同じの来るよ！　一歩目な！」

打席で高めのボール球を振ってしまうときは、

「ボール見下ろしていこな」

というふうに。（おもしろいもので、「高め振るなよ！」と言うと頭の中では「高め」を意

識するそうです。「キリンのことを考えないでください」と言えば、キリンが頭に浮かびませんか？　笑）

このように、攻撃的な気持ちは、具体的な言い換えの語彙を増やすことで解決します。最近では、僕がつい攻撃的な声を出していたら、

「いいよー、反省は後でしよなー！」

と生徒が言い換えています。深く反省する瞬間です（笑）。浸透してきたら、生徒が工夫して声を出すようになります。

そして、そういう声が出たら、

「今のいい声やな。もっとそれ言ったって」

と評価して生徒に話します。

これも普段の指導者、顧問の声のかけ方が大きく影響してくるものです。試合中だけでなく、練習や日常から攻撃的な声を換言していく習慣をつけておきたいものです。

2 「トライ」に最大の賛辞を

トライへの賛辞はアイデアの肯定

練習でやっていないことを試合でやろうとする生徒がいます。

ひと昔前なら、

「そんなこと練習でやってないやろ！」

と怒鳴りつけ、顧問の理想の範疇に収めてきたような場面です。

でも、僕はこの思いつきを評価します。

ただ、だいたいがうまくいかないものです。

「なんでそれやろうと思ったん？」

「いや、いけるかなぁと思ってやりました」

「そうか、アイデアはええよ。でも、あれはある程度練習せなできひんから、これからその練習入れていきや」

と、こんなふうなやりとりになります。

トライする気持ちはとても大切です。**スキルアップするためにはなくてはならないステップ**です。

だから、それをやってもいい空気感をつくっておくのが顧問の務めです。

練習でもあります。

右打ちの子が、突然左で打ちたいと言い出しました。利き腕を変えるくらい練習が必要なことです。

「ええよ、やってみ。でも、だいぶ練習せなあかんけど、大丈夫か？」

「はい、やってみます」

トライを認めることは、同時にその子のアイデアを肯定することになります。もちろん、たまには無茶なこともあります。

でも、それも別に構いません。

昔は否定されてきたことが、今では取り入れられていることがたくさんあります。

成功すると楽しい。楽しいからもっとやろうとする。だから上達する。そこまでトントン拍子に進みませんが、そこに努力が伴うので、生徒にすればよい課題に取り組むことができます。

失敗させたくないのは自分が勝ちたいから

体が小さい生徒がバットをいっぱいいっぱいで持つことがあります。ちょっと前までは、

「体が小さいんやから、短く持って振りなさい」

と言っていました。

しかし、実際短く持ってもそんな簡単に打てるものではありません。だったら、長く持っていても、振り抜けるようになればいいのです。

考えてみれば、やってみて、長く持つことが不自由だと感じたら、生徒は勝手に短く持つはずなのです。

生徒にロクに考えさせず、目先のことばかり考えて指導していると、結局生徒もチーム

も指導者の枠を超えることはできません。

我々指導者の力はたかだか知れています。

不思議なことに、過去にどんどん勝ち進んでいくような力のあるチームだったときは、僕の手から完全に離れていました。

下手に指示するより、彼らの想像力に委ねる方がうまくいっていました。

ところが、**顧問の勝ちたいという気持ちが強過ぎると、失敗させまいとして、つい言い過ぎる**ことがあります。

でも、失敗させたくないのは生徒のためではなく、自分が勝ちたいからなのです。

なんのために勝つのか。

勝つことで自信？　それも一理ありますが、生徒の創造性や自主性なしに生徒の成長はありません。というより、あり得ません。

「生徒を鍛える」などと言って、自分の枠に収めようとするのは指導者のエゴです。

部活動はもっと生徒が自分を試す場であっていいと思います。

3　失敗を責めない

責めるのは発信者のカタルシス

見逃し三振をして生徒がベンチに帰ってきます。

野球で見逃し三振というのは、打者としてなす術なくアウトを献上することです。本人は気落ちしますし、味方も「それはないよ」と思うアウトです。

さて、こういうときにどういう声をかけるか。

後輩につい厳しく言ってしまう先輩がいます。逆に、先輩には後輩は言いたくても言えません。

基本的に、僕は何も言いません。一番よく理解しているのは本人だからです。

技術的な限界がある経験の浅い生徒なら、アドバイスします。そのときも、決してアウトは責めません。

ミスがあったときに責めたくなるのは、だれしもそうだと思います。だからこそ、僕は顧問の発信は責任が重いと思うのです。不機嫌も同様です。

ミスを責めて解決するのは発信者のモヤモヤだけです。受け取る側は不愉快でしかなく、言ってみればそれは「野次」です。

部活動の現場では、まだまだ「結果の追及」をしているような声がよく聞こえてきます。最近は、そういう場面に出くわすと、「生徒ら楽しいんかなぁ…」と感じます。

僕より若い顧問なら、試合の後に、

「あんなに怒ったらなくてええやん」

と笑いながら話します。

みんな気の優しい顧問ばかりです。つい熱が入って、というところでしょう。

教室のミスにはどの先生も寛容

掃除をサボっていたり、授業中に私語が多かったり、教室でもいろんな失敗があります。

毎日同じ失敗をする子もいます。でも、それが生徒なのです。

自分の部の子だけ「特別扱い」して、厳しく叱っていませんか。「ひいき」ではなく「集中攻撃」です。顧問あるあるだと思います。

心ある教師なら、いちいち失敗で生徒を責め立てることはありません。教室で起きる失敗には寛容なのに、グラウンドではカリカリ。これも顧問によくあることです。

「掃除やってなかったの？　Cさんが言ってたよ」

「えっ、僕、雑巾を洗いに行ってました」

「そうなの？　じゃあなんでCさんそう言ってるんやろ」

「わかりません。僕は雑巾洗ってました」

「すぐに戻った？　手洗い場でだれかと話して、というのはよくあるからなぁ」

どうやら、手洗い場が混んでいて、なかなか雑巾を洗えなかったと判明。これはだれも悪くありません。Cさんとの誤解をとけば、一件落着です。

ところが、これが自分の部の生徒だったり、部活動の場面だったりすると、こういう余裕のあるやりとりができないときがあります。

先の見逃し三振の話に戻ります。どうしても何か言いたい場面であれば、時間をおいて話すようにします。冷静に事象を振り返ることができるようになってから、先の失敗に触れます。**責めるのではなく、一緒に振り返ります。**

「あの三振痛かったな」

「ボールと思いました。でも『ストライク』と言われました」

「審判はそうジャッジしたんよ。いいやん、またいい場面で回ってくるよ」

「次は追い込まれる前に打ちにいきます」

「そやな。じゃあベンチで打てる球をイメージしておきや」

ミスには理由があります。

その理由がしかるべきものであったら受け入れ、正してやるべきであれば正す。責める必要はありません。ましてや怒鳴る必要もありません。

勝つことや自分の理想に拘泥して生徒を萎縮させる。責め立てることを承認するような集団にしては、だれも浮かばれません。

顧問だけがだれからも責められない。

そんなアンフェアが許されるはずがありません。

4 部内ミーティング

全権委任が原則

何かうまくいかないことがあるとき、生徒からミーティングをしたいと申し出てくることがあります。

案件を聴き、重要度が高ければ、その日のうちにミーティングをさせます。

まず教室に集めて、僕があらかじめテーマや今日ミーティングをもつことになった経緯を話します。

そこから、僕は席を外します。終わるまで一切話し合いに入りません。

一時、赤坂真二先生の「クラス会議」を参考に「クラブ会議」と銘打ってやっていた時期がありました。

トーキングスティックを用い、話している人の意見に横ヤリを入れない。ルールを決めてやっていました。

しかし、今はやりません。**僕がいると、どういうやり方であっても顧問の目を気にして発言する**のです。部活動という場において、どうしても顧問は権力者になりがちです。僕のためにミーティングをするのではありません。

だとすれば、全部生徒に任せたらいいのです。良きにせよ悪しきにせよ、生徒本来の姿で話し合わせる方が本質的だと思うからです。

もし、チームの状態を見つめ直そうとするテーマだったとして、のぞきに行ったときにふざけている生徒がいたら、すぐに解散します。話し合いが不調だったことは、聞くまでもないからです。

こんなときは辛い気持ちになりますが、僕が入ってあれこれ言うと、結局「何かあれば先生が解決する」と誤学習することになります。

話し合いが済めば、生徒は僕のもとに報告にきます。黒板を見ればある程度話し合いの流れはわかります。

ミーティングの提案者が生徒であれば、その生徒に話の経緯を聴きます。方向性に問題がなければ、決まったことを確認してミーティングを閉じます。

最初と最後だけ。それ以外は生徒の生徒による生徒のためのミーティングです。ミーティングの内容は、生徒からできるだけ個々に聴き取ります。それぞれどういう立場で話に参加したかがわかるからです。

ミーティングの後

理想的なのは、ミーティング後は練習させず、その日の活動を終える形です。

ミーティング後にすぐ練習をするケースもあっていいと思いますが、「体を動かすことが活動」だと思っている生徒が話し合いを軽視する恐れがあります。

「え、今日はこれで終わりなん？」

「おもんないなぁ。休めばよかった」

こんな調子だと、ミーティングを「いつも通り練習するためのアリバイづくり」としか考えません。

今日の活動は「ミーティング」。**これもれっきとした部活動**なのです。

問題行動があって、こちらからミーティングを持ち出すことがあります。そんなときはたいてい「掃除」や「奉仕活動」といった対外的な目を気にした活動を提案しがちです。そしてすぐにそれを実行しようとします。

すぐその日に、というのは一見フットワークの軽さを想起させます。しかし、**時間をおいて「そのために来る」という気持ちをもって活動に臨ませることが大切**だと考えます。

こういうあり方は「学校の部活動ならでは」で、部活動のよさの一つです。

ミーティングの後は、行動の是正が求められます。それが自分たちのものになっていない行動であれば、やったにせよ単なるパフォーマンスです。

こちらは見守る我慢の姿勢も必要です。**ミーティングくらいで生徒が変わるなら簡単です**。そんなにうまくはいきません。でも、生徒がこうやって自分たちで考えていく経験こそ、後から生きてくるものになるのではないでしょうか。

5 教え合える、アドバイスを請える関係の構築

「テクニカル・ヒエラルキー」の打破

部活動の組織においては、技術の優劣・巧拙で人間関係ができ上がってしまう傾向があります。昔から**「うまいヤツは偉そうにできる」という誤った不文律**があります。上手な子は組織の中で優位に立てるというのです。

これを僕は、「テクニカル・ヒエラルキー」と呼んでいます。とても危険な構図です。

これは、同級生だけでなく先輩後輩でも機能し、人間関係を大きく歪めてしまいます。

僕は、部員同士が教え合える関係が理想的だと考えています。第三者の目で見てみないとわからないことがたくさんあるからです。

技術のレベルが似た子が指摘し合うのもいいし、逆に全然違う子が教えてもらうというのもアリです。

意外な子がうまく教えられることもあります。メタ認知に優れている子です。

「うまいこと言葉にしてるね」

とほめると、うれしそうな表情を見せます。

たいていレギュラークラスの生徒はある程度教えられますが、自分にしか興味のない生徒もいます。

そんなときに練習終わりの話で、

「みんながレベルアップすればチームの力は上がるよ。試合に出てるメンバーが自分のことしか考えていないなら、いつまで経ってもチームの力は現状のままやで」

とよく話します。

偉そうに振る舞っている生徒は黙っていてもわかります。言い振りがぞんざい、ベンチの子たちに冷たい…、見えていないと思っているのでしょうが、ここは顧問の出番です。

試合に出ない生徒たちに厳しく当たるのは、顧問も同じです。まだまだ未熟なのをわかっていて怒鳴り散らすような人がいます。残念な光景です。

手がかかる子に熱心にかかわっていけばもちろん上手になりますし、チームのボトムアップになります。トップクラスの子たちは少しくらい放っておいても問題ありません。「テクニカル・ヒエラルキー」を助長するような部員の言動や、顧問の発信は厳に慎むべきだと思います。

「先生、スイング見てください」という言葉から

やっとグラウンドに出られた日に、生徒から、

「先生、ちょっと僕のスイングを見てください」

と言われることがあります。バットスイングをチェックしてほしいというのです。

こういう言葉が部員から出るのは理想的かな、と思います。**教えてもらいたいと思うときにすぐに言葉にできる関係性ができているということだから**です。

部員同士でも教え合えるし、先生にも教えを請える。部員と顧問の関係を考えていくときに、身近なものに感じられることは生徒にとっては間違いなくプラスです。

ここでも気をつけたいのは、専門外の先生を軽視する生徒の言動です。

主力メンバーからこの種の発言が出たら、僕は必ず注意をします。

専門外であっても、先生がいるから活動ができているのです。自分たちがやりたいから勝手に集まったメンバーではありません。学校で活動する以上は、顧問の存在を大切なものとして考えられないのは本末転倒です。**「やってやっている」のではありません。**

レギュラーで居続けるような生徒にこういう子がたまにいます。概して、言葉がけに注意が必要な生徒です。「テクニカル・ヒエラルキー」はここでも機能してしまう厄介なものです。

我々は必ずしも専門の部の顧問になるのではありません。ひょっとすると、技術指導はできないかもしれません。そういうときは、

「僕はわからないよ」

と明言すればいいと思います。

もちろん、独自で勉強して生徒に追いつこうとするのも結構です。でも、僕はかかわれる部分でかかわればいいと思っています。

アドバイスをするのは、人間関係でもいいし、技術的なこと以外でも構いません。臆せず生徒と誠心誠意かかわっていけば、生徒との関係は築けるのではないでしょうか。

6　自主練と個人練習

「踏み絵」としての自主練

これは、事あるごとに主張している話です。「自主練」というのは、やるやらない、行く行かないも自主的、という解釈は広げすぎでしょうか。

生徒と顧問との間で意識の乖離があってはなりません。

「あいつら、自主練っていうと全然練習に来ない」「やる気ないな」

本来、自主練は生徒のやる気を測定するものではありません。

もし、練習に来たうえで自由に練習したらいいという意味での自主練なら、生徒にそのように話しておくべきなのです。

自主練というものを、やる気の「踏み絵」にするのは指導者としてズルいことです。

そもそも、「来ても来なくてもいい活動」というものが、今まで部活動の中にあったでしょうか。毎日なんの疑問もなく参加し、また明日。同じ日は決してないけど、明日も同じように活動がある。来ないともちろん「なんであいつ来ないねん」となる。

自主練＝もちろん参加するもの、練習＝休んではいけないもの、という固定的な考えがいまだに現場には根強いと感じます。

活動する以上は参加するに越したことはありません。

しかし、塾に行く生徒が増え、これだけ価値観が多様化する中で、「絶対参加」ということをいつまで言い続けられるのだろうかと懐疑的になります。

自主練ひとつとっても、あきらかに昔とは違う感覚で捉えられているのです。

ある学校で以前、年末年始にほぼ休みをとらずに活動したことがあると聞きました。「全然生徒が集まらなくてね。結局来たのはちょっとだけ。やらんかったらよかった」

やるやらぬは自由ですが、さすがに時期やタイミングは考慮すべきです。開店休業になっていいのならまだしも、全員参加が前提の活動はおそらく今後破綻していくように思います（破綻というのは言い過ぎかもしれませんが、要するにそういう形を望むことが、もう難しくなったということです）。

顧問も弾力的な活動をイメージする必要が出てきたのです。

個人練習という枠組み

以上のことから、ウチの部では「自主練」と「個人練習」を分けています。

個人練習は、時間を決めてその時間内なら自分たちで練習を選択してできるというものです。もちろん、思い思いの活動になります。

打つのが必要と感じたならネットを持ってきて打っていますし、

「先生、ノック打ってください」

と言われることもあります。

何やら数人で奇妙な練習をしていることもあります。

「それなんの練習なん？」

「体幹トレーニングです！」

どう見ても我慢大会にしか見えないのですが（笑）、そんな危なっかしいときは声をかけて意図を汲みます。

ウチの校区では、球技ができる公園がありません。日々の遊びの中で技術を体得していくということが、彼らにはかなわないのです。

そう考えると、個人練習は、いわば「合法的に遊べる場」です。遊びにならない工夫は必要かもしれませんが、安全面に気をつけさえすれば、やっていることにはほとんど口は出しません。

サッカーのジェフユナイテッド市原・千葉や京都サンガで指導経験のある池上正さんは「好きなようにやってごらん」と声をかけると言います。ジュニア期の指導に定評のある名コーチです。

いわく、名門と呼ばれる学校に指導に行っても「自分たちで考えてやっていいよ」というと選手は困ってしまって、たちまち動けなくなるとおっしゃっていました。

突き放すのではなく、こちらが緩やかに設けた枠内で、生徒自らが考えて練習をする。

「強い」「弱い」ばかりが取り沙汰される部活動は殺伐としています。

生徒が望む活動は、自分たちから湧き上がってくるモチベーションのもとでなされるものだと強く信じています。

6章

部活動顧問 あるある

部活動の顧問になると，どこの学校に行っても，どの部でも似たような出来事を見聞きします。話を聞くたびに「なぜそんなことになるのかな」「やっぱりあるんやなぁ，ここでも」とよく思っていました。

何かトラブルが起こると，「アイツら，またやりやがった」と，つい生徒のエラーと思いがちですが，どこでも，どの部でも起こるということは，見つめるべきポイントがあるはずです。実際，ほとんどの問題が，顧問の振る舞い方ひとつで予防，改善されていくように思います。

ここでは「部活動顧問あるある」としていくつかピックアップし，考察していきます。

1

　出張の用件が終わり，学校へ報告の電話。

「何か変わったことはありませんでしたか？」

「なにやら，野球部でケンカがあったみたいやで」

「えっ，すぐに帰ります！」

（ほんまアイツら，いつもオレがおらんときに揉めるよな……）

主顧問がいないときに限ってトラブルが起きる

考察

主顧問がいないときに限って、なぜトラブルが起こるのでしょうか。

そもそも、この「いないときに限って」というフレームが間違いです。

「いないから起こる」のです。

出張で校外へ出るときはこちらも急いでいることがあります。えてして、そんなときには活動の指示をせずに出てしまいがちです。

また、指示をしても「今日、出張でおらんから頼むわな」という言葉が逆効果になることがあります。

こんなことにならないために、**顧問不在のときに出現する「ネガティブキャプテン」の存在を日頃からつかんでおくと、先手を打つことができます。**

怠け心や解放感が拍車をかけてしまうものです。行動する前にメタ的に自身を見つめられるよう、「自分を見つめる自分」を育てる意識が大切です。

「いないから起こる」は必須の視点ですが、見誤りがちです。

2

生徒１「今日帰ってから用事があるので帰ります」
顧　問「よし。わかった。じゃあまた明日ね」
生徒２「先生，僕も今日用事あるので帰ります」
顧　問「えっ，まあ別にええけど，今日は多いなあ…」
（みんな「用事，用事」って言うけど，いったい何があるの…？）

「家の用事で帰ります」という早退や欠席が相次ぐ

考察

「家の用事」という理由はある意味聖域です。僕はあまり理由を聞きません。勘ぐって聞き返したくなりますが、あまりやりすぎると、保護者から、

「いつも疑われて困る、とウチの子が言っています」

などと、かえって不信感を招きます。

だからこそ、僕は**生徒に優先順位のつけ方を話します。**

例えば、ケガなどの通院が理由ならば、

「帰ってすぐ行かないと間に合わない？」

塾であれば、

「『まだ塾の宿題してないから』とか、準備の時間にムダはない？」

外出であれば、

「大会前なんかは自分で判断して家族に相談しなさい」

部活動が生徒の中で優先順位の上位に来るように、我々顧問も努力が必要だと自戒してこの言葉を受けとめています。

3

３年生「先生，１年生が言うことを
聞きません」
２年生「３年生がちゃんと練習しな
いんです」
１年生「２年生が僕らにキツくあた
ってきます」
顧　問「わかった，ちょっと他の子
にも聞いてみるわな」
（次から次へと，先輩後輩の関係ど
ないなってるんや……）

部内の先輩・後輩の関係がよくない

考察

僕が思う「尊敬される先輩」は、**「技術的に優秀」「優しくてまじめ」「裏方仕事をきちんとする」の三位一体**だと考えています。

少々のヤンチャ君でも、こういう先輩には頭が上がらないものです。

上級生には、

「まずは後輩に優しくしなさい」

と話しています。優しくされてイヤな気持ちになる人はいません。

下級生には、

「先輩は、みんなより多く『野球部員の時間』を過ごしているんやで」

と話します。部員という自覚をもって過ごしてきた時間にウソはないからです。

同じミスでも僕は上級生を叱ります。部活動にかかわっている時間が下級生とは違うからです。

これが、過ごした時間の質的な差異であり、それこそ先輩を先輩たらしめる要因です。

健全な上下関係は過ごした時間の質を自覚させることから始まります。

4

主顧問　「先生，うまくいかないなら相談してや」
サブ顧問「はい，わかってはいるんですけど，いつもすいません…」
主顧問の悩み（ペアの先生がいつも生徒と揉めて困るわ…）
サブ顧問の悩み（主顧問の先生のようにうまくできないなぁ…）

ペアの先生の指導がうまくいかない

考察

複数顧問の場合、必ずメインとサブがいます。メインが若い先生、サブが中堅・ベテランならまだしも、逆の場合はうまくいかないことがあります。

僕はサブの若い先生には、

「僕と同じことをしようとしなくていいよ」

と話します。僕の代わりはできないからです。それは能力の問題ではなく、そういう役割だからです。主顧問のように振る舞おうと背伸びをして指導しても、うまくいくはずがありません。教室でも副担任はあくまで副担任。役割が違うのです。

例えば、主顧問が出張で不在のとき、

「今日は○○先生がいないからケガがないようにしよな」

「トラブルが起きたら迷惑がかかるよな。自分たちで注意し合って活動しよう」

と先手を打つのも一つ。

メインは「何があっても自分の責任」と思い、サブは自分の仕事を全うします。

また、顧問同士の不和も問題です。日頃から顧問間でも会話が大切になってきます。

5

顧問「あー，昨日○○を残して話をしといたらよかったなぁ…」
生徒「先生，○○が練習に来ていません。だれも連絡を聞いてません」
顧問「えっ，そうなんか」
…１時間ほど経過して
生徒「あっ，○○が来ました！」
（来たか，よかった。今日見て，また様子がおかしかったら話そう…）

「勝負どころ」を逃して生徒を増長させてしまう

考察

僕は「遅刻」「暴言」「怠惰」「横柄」に関しては必ず指導します。間違っても、そのまま帰らせることはありません。これらは、**組織にとって悪影響を与える事象**だからです。

生徒にとってみれば、**「放置は承認」**です。見事にヒドゥン・カリキュラムになり、今日指導されないことが明日指導されるのは理解できるはずがありません。

顧問にとっても接しにくい生徒がいるでしょう。

ですから、**顧問だけで抱えるのではなく、他の部の先生や学年の先生に相談してかかわり方を模索するのも一つの方法**です。

声をかけて生徒と向き合うことから、生徒がその課題と向き合うことが始まります。

放置は承認。

しんどいけど、一歩踏み込んでいくことが、顧問として、教師として成長していくために必要なのではないでしょうか。

6

生徒「先生！　CがBに殴られました！」
先生「えっ！　片づけまで何もなかったやんか」
生徒「あの二人，いつも仲が悪いんで，あっという間にケンカになりました」
先生「そやったんか！　今すぐ行くわ！」
（そういや，BがCにイヤなこと言ってて注意したことあったなぁ…）

言葉の暴力を放置し，有形の暴力行為を招く

考察

放課後、活動開始から終了まで、ずっと指導につけるときがどれくらいあるでしょうか。そう多くはないはずです。

学校生活の日常に置き換えてみると、長い休み時間に真面目な学習を成立させようというような、いわば「無謀な」状況です。

そういった目の届かない状況で暴言やいさかいを放置すると、やがてそれは有形の暴力行為に発展します。生徒が止めるのには限界があります。

ケンカや揉め事、言い争いを捉え、しかるべき指導がなされないと、生徒はヒートアップしていく一方です。

教師・生徒間の指導における体罰はもちろん、学校という場で暴力行為はあってはならないものです。

言葉の暴力にも敏感になり、生徒への啓発がとても大切です。

7

生徒「先生，またラダートレーニングしたいです」
先生「そういや最近やってないな」
生徒「△△クリニックの先生が教えてくれた体幹トレーニングも最近やってないですよね。あれ，すごく効きましたよ」
先生「そやなぁ，まぁまたやろか」
（どうやってやるんやったかな，あれ。忘れてしもたなぁ…）

指導者がその指導に飽きてしまう

考察

よかれと思って始めた練習が、長続きしないことがあります。

思いついた瞬間は「お、これはおもしろそうやな」と感じ、その熱さのまま発信できますが、これを何度も繰り返していくとなると、また違う熱さが必要です。

僕もこれでよく失敗をします。イズムなきテクニックなど不毛です。

要するに、**それで「生徒に何を身につけさせたいか」という本質に迫らず、目先の興味を優先している**のです。

一方で、僕が言い続けていることがあります。これは僕自身が根っこから発信しているから、何度言っても飽きないし、その意味も説明できます。

トレーニングに限らず、事の本質を理解したうえでないと生徒には伝わりません。自分の信条に反するなら、流行りでもやるべきではありません。

常に我々は試されています。

生徒の成長には指導者の成長が不可欠なのです。

おわりに

前著『部活動指導スタートブック』はおかげさまでたくさんの方に読んでいただきました。僕としては「0から1への営み」ができたと、うれしい気持ちでいっぱいでした。

ここからは裏話。

実は前著が出てすぐに「幻の2冊め」の企画がありました。それは「どうやって組織を強くしていくのか」という、いわば王道の企画でした。

当時舞い上がっていた僕は、嬉々として書き始めたものの、まったく筆が進みませんでした。悩んでいるときに、ある方が「それは杉本先生が『その企画では書きたくない』と思っているからですよ」と忠言してくれました。

考えると、僕は「強くする」ということとは、ほとんど縁がありませんでした。今回述べてきたような、地道に生徒と向き合うことだけをメインにやってきたので、場合によれば「これじゃ勝てないよな」という選択をすることもありました。

「幻の2冊め」は凍結になり、しばらく時間が経ちました。

当初、この本のタイトルを「部活動指導ルールブック」と考えていました。僕としては「これが最低限の部活動指導のルールだ」という思いがあったからです。

そうこうするうちに「部活動指導の心得」ということにタイトルが決まり、そう収まってみると「なんと大きな看板なのか」と恐縮するばかりです。

でも、書き進めてみると、顧問としての当たり前、学校の教師としての当たり前のかかわりを列挙したに過ぎませんでした。まさしく「等身大」です。

週末に部活動の指導を終えると、なんとも言えない満足感や焦燥感、ときには怒りにも似たものを抱えて帰路に着きます（試合を終えての帰り道、というのがほとんどです）。

勝ちきれないことへの悔しさ。もちろんこれもあります。でも、そんなことは指導の本質からいうと、取るに足らないことです。

欠席した生徒がいたら「どうしたんやろな」。

無断で来なかったのなら「どうやって次に声をかけようか」。

試合の中でミスをして引きずっている生徒がいたら「ええやん、しゃあないやん」。

緊張が緩み、電車の乗り方にマナー違反があれば「それはいかんよな」。

試合の内外で指導するべきことがあふれています。これが普段の指導です。

そして多くは、ここには書けないような悶々としたことの繰り返しです。

一方で、「時短」「スリム化」「プレイヤーズ・ファースト」といった言葉が、部活動をめぐる議論の中で飛び交っています。

教師の負担を考えるなら、部活動を完全に学校現場からなくしてしまえばいいのです。では、なぜそうならないのでしょうか。

なくせば確実に僕たちには時間が生まれます。

簡単になくすことができない裏側には、教育効果を認めざるを得ない、これまでの脈々とした指導の営みがあるからに違いありません。

部活動編成時に毎回配っている「野球部の教科書」という小冊子があります。僕は、学校という場で指導を行う以上は、授業と同じようなものと捉え、生徒にもそのように話します。野球部という部を全うするなら、この教科書を熟読しなさいということです。

その中の一節に「選手である前に生徒である」というものがあります。この視点は学校でなされる活動ならではの視点です。日常のがんばりは部活動につながり、部活動で得た自信は必ず日常にも反映されます。同様に、日常の至らなさは部活動にも当然つながってきます。「日々のあり方そのものが何事にも通じているのだ」という考えです。

かと言って、我々は聖人君子ではありません。各々の持ち味で生徒とかかわればいいし、疲れたらひと休みすればいい。「ええカッコ」は絶対に長続きしません。生徒と同じく失敗を繰り返しながら、模索し続けることが我々の気概だと思うのです。

今回この本を書き上げるにあたり、前回と同じく明治図書出版の矢口郁雄さんにお世話になりました。ずっと待っていただき、本当にありがたい限りです。

また、前回同様、横浜市の小学校教員の石橋智晴さんにステキなイラストを提供していただきました。ご多忙の中、本当にありがとうございました。

そして、家族や両親、尊敬する先生方に本書を捧げます。多くの関係者の皆様に支えられて本書があります。読者の皆様からご意見、ご批判などいただけますと幸いです。

届いてほしい人に届きますように。

そう願いまして、本書の結びといたします。

２０１９年１月

杉本　直樹

【最後の最後に】
家族の１ページに―これからの部活動指導に必要なこと

「家族サービス」という言葉があります。ある先生が「家族ということは『サービス』じゃないから，その言葉好きちゃうねん」と仰っていたことにいたく共感したのを覚えています。大人も子どもも，家族が生活の基本だと思うのです。

試合に負ける日もあれば，友だちとケンカする日もある。顧問に叱られる日も。そんな部活動の様子を，家に帰って家族に話す生徒の姿がどの家庭にもあることでしょう。部活動がそんな家族の１ページになってほしい。そう願ってやみません。

部活動の一番のよさは，一緒に学校で学ぶ仲間と活動できるところです。加えて，生徒の日々の様子を知る教師が指導に携わります。教師は，生徒がよい日もよくない日も，ずっと一緒にいます。生徒の話を聴き，聴いた家族が指導の端々に顧問の愛を感じる。そんなかかわり方が今後最も求められる部活動指導ではないでしょうか。家族がそこでアドバイスしたり，叱咤激励したりすることで，生徒はますます成長していきます。

スポーツ庁の調査によると，部活動の参加率は平成16年度から28年度にかけてほぼ横ばいだということです※。しかし，学校現場で指導にあたっている立場での実感としては，どの部も，どの学校も，部活動に積極的に参加する生徒の数は少なくなってきているように思います。

そんな時代だからこそ，部活動が生徒の居場所になり，活動がその生徒や家族にとっての幸せになることを望んでいます。選手として大成できなくても，打ち込むことに必死になる生徒がいて，それを見守る大人がいる。口では偉そうなことを言いながらも，どこかで「感謝」ということを意識して成長する。

近頃は，学校でもうまくいかないことに向き合う場面が減っています。安心して失敗できる，チャレンジできる場としての部活動。いま一度，生徒の姿を温かい目で見ていきませんか。

※「運動部活動の現状について」2017年５月　スポーツ庁

参考文献

・苫野一徳『教育の力』(講談社現代新書)

・苫野一徳・多賀一郎『問い続ける教師』(学事出版)

・堀裕嗣『教師力ピラミッド』(明治図書)

・堀裕嗣『生徒指導10の原理・100の原則』(学事出版)

・石川晋『学校でしなやかに生きるということ』(フェミックス)

・前田睦男『子どもの心に寄り添って』(フォーラム・A)

・播摩早苗『目からウロコのコーチング　なぜ，あの人には部下がついてくるのか？』(PHP 研究所)

・ローラ・ウィットワース他『コーチング・バイブル』(東洋経済新報社)

・吉井理人『コーチング論』(徳間書店)

・白井一幸『わが子を一流選手にする　メンタル・コーチング』(PHP 研究所)

・小国綾子『アメリカの少年野球　こんなに日本と違ってた』(径書房)

・エディー・ジョーンズ『ハードワーク　勝つためのマインド・セッティング』(講談社)

・池上正『サッカーで子どもをぐんぐん伸ばす11の魔法』(小学館)

・池上正『叱らず，問いかける　子どもをぐんぐん伸ばす対話力』(廣済堂出版)

・池上正・島沢優子『サッカーで子どもの力をひきだす　池上さんのことば辞典』(カンゼン)

・川村卓『監督・コーチ養成講座』(洋泉社)

・中村健一『策略―ブラック学級づくり』(明治図書)

・中村健一『策略プレミアム―ブラック保護者・職員室対応術』(明治図書)

【著者紹介】

杉本　直樹（すぎもと　なおき）

1980年大阪市に生まれる。

現在，大阪市立上町中学校で国語科教諭として勤務。

前任校から野球部を指導し，現在で15年目（私立高校で講師経験１年）。小学校から地域の少年団でソフトボールを始め，中高と学校の野球部に所属。中学校当時の顧問の影響を受け，中学校教員を目指す。大学生のころは自分が所属した小学校のチームでコーチと監督を経験し，指導者としての楽しみを知る。「教職員組織のチームワーク」「部活動組織論」「生徒指導」などが研究分野。「大阪一のチーム」を目指し，日々部活動指導に励んでいる。「日本部活動学会」理事。

●著書

『部活動指導スタートブック　怒鳴らずチームを強くする組織づくり入門』（2015年，明治図書，単著），『学級経営・授業に生かす！　教師のための「マネジメント」』（2012年，明治図書，共著）他

本文イラスト：石橋　智晴

部活動指導の心得

現場教師による現場サイズのブカツ論

2019年２月初版第１刷刊 ©著　者 杉　本　直　樹

発行者 藤　原　光　政

発行所 明治図書出版株式会社

http://www.meijitosho.co.jp

（企画）矢口郁雄（校正）大内奈々子

〒114-0023　東京都北区滝野川7-46-1

振替00160-5-151318　電話03(5907)6701

ご注文窓口　電話03(5907)6668

＊検印省略　組版所 株式会社アイデスク

Printed in Japan　ISBN978-4-18-049812-3